moon odyssey

月のオデッセイ

編・翻文／三枝克之

リトルモア

そうです、月にとって話せないようなことが何かあるでしょうか！
この世界の生活は、月にとっては一つのおとぎばなしなのです。

（アンデルセン『絵のない絵本』矢崎源九郎訳より）

目次

mo●n odyssey 月のオデッセイ

月のオデッセイ

いくつもの月の昔、……11

第一夜（天狗《てんぐ》）……14
昔、月が朝鮮半島あたりの空を旅していた時のこと。

第二夜（枝垂柳《しだれやなぎ》）……18
昔、月がかつて満州と呼ばれていたあたりを旅していた時のこと。

第三夜（木犀《もくせい》）……22
昔、月が中国の都の空を旅していた時のこと。

第四夜（羽衣《はごろも》）……26
昔、月が東シナ海から南シナ海にかけての島々の上空を旅していた時のこと。

第五夜（樹液《じゅえき》）……30
昔、月がインドシナ半島の空を旅していた時のこと。

第六夜（印度素馨《プルメリア》）……34
昔、月がインドネシアの島々の上空を旅していた時のこと。

第七夜（玉兎《ぎょくと》）……38
昔、月がガンジス河の流れる平原の上を旅していた時のこと。

第八夜（甘露《アムリタ》）……42
昔、月がインドの荒涼とした大地を旅していた時のこと。

第九夜（梯子《はしご》）……46
昔、月がヒマラヤの山中を旅していた時のこと。

第十夜（言霊《ことだま》）……54
昔、月が南アフリカのサバンナの空を旅していた時のこと。

第十一夜（肉月《にくづき》）……58
昔、月が西アフリカの大河の近くを旅していた時のこと。

第十二夜（聖夜《せいや》）……62
昔、月がペルシア湾から地中海に向けてアラビア半島の上空を旅していた時のこと。

第十三夜（微睡《まどろみ》）……66
昔、月がエーゲ海の上空を旅していた時のこと。
第十四夜（乾酪《チーズ》）［前編］……70　［後編］……74
昔、月がスペインの空を旅していた時のこと。
第十五夜（安息日《あんそくび》）……78
昔、月がヨーロッパ各地の空を旅していた時のこと。
第十六夜（葡萄酒《ワイン》）……82
昔、月がフランスの田舎の空を旅していた時のこと。
第十七夜（岩戸《いわと》）……90
昔、月が森と湖の広がる北欧の大地を旅していた時のこと。
第十八夜（馴鹿《トナカイ》）……94
昔、月がシベリアの空を旅していた時のこと。
第十九夜（手鞠《てまり》）……98
昔、月が北極圏の空を旅していた時のこと。

第二十夜（禁忌《タブー》）……102
昔、月がベーリング海のあたりを旅していた時のこと。
第二十一夜（海豹《アザラシ》）……106
昔、月がアラスカ湾の上空を旅していた時のこと。
第二十二夜（狩人《かりうど》）……110
昔、月がカナダの東のはしの空を旅していた時のこと。
第二十三夜（孤児《みなしご》）［前編］……114　［後編］……118
昔、月が北米大陸の北部に広がる針葉樹の森の上を旅していた時のこと。
第二十四夜（蝦蟇《ヒキガエル》）……126
昔、月がアメリカ中央部の大平原の空を旅していた時のこと。
第二十五夜（貘《バク》男《おとこ》）……130
昔、月がアマゾン奥地の空を旅していた時のこと。
第二十六夜（裸舞《ストリップ》）……134
昔、月が南米大陸の密林を旅していた時のこと。

第二十七夜（榕樹《バニヤン》）……138
昔、月がポリネシアの空を旅していた時のこと。
第二十八夜（欠盈《けつえい》）［前編］……142　［後編］……146
昔、月が南太平洋の上を旅していた時のこと。
第二十九夜（梟男《フクロウおとこ》）……150
昔、月がオーストラリア大陸の赤い大地の上を旅していた時のこと。
第三十夜（蜂蜜《はちみつ》）……154
昔、月がオーストラリア東部、クインズランドの空を旅していた時のこと。
一九六九年七月二十日、……159
写真クレジット……162
主要参考文献……163
あとがき……164

mo●n odyssey 月のオデッセイ

月への塔　＜パリ／エッフェル塔＞

いくつもの月の昔、
月はいまよりもずっと地球の近くにいて、
いまよりもずっと大きな姿をしていました。（※）
そしてそのころには、私たちも月と自由に語らい、
また時にはたがいに行き来することさえできたといいます。
これはそんな時代の、
〝月の旅〟の記憶です。

※ある計算では、太古の昔には月と地球の間の距離は、現在の約25分の1であったとされる。

1
2

月下牧歌（げっかぼっか）

第一夜

（天狗《てんぐ》）

昔、月が朝鮮半島あたりの空を旅していた時のこと。

太陽や月が毎日旅をしているこの空のはるか上には、私たちが知らない天上の世界が広がっていました。そこには、夜空に輝く星の数とおなじくらいたくさんの国があり、たいそう不思議な国もあったのです。

そのひとつが暗闇国《くらやみのくに》です。この国は一年じゅう暗黒につつまれていたため、王はいつも憂鬱《ゆううつ》な気分に取りつかれていました。そして、いつか悪い病気が流行して国が滅んでしまうのではないかと、心配ばかりしていました。そんなある日、王は、下の世界には太陽や月という明るい光を放つ球があり、人々はそのおかげで健《すこ》やかに暮らすことができるというウワサを耳にしました。そこでさっそく、天狗と呼ばれる黒い犬を呼びつけ、下界から太陽を盗んでくるよう命じました。天狗は火の塊《かたまり》さえくわえてしまうという、恐れを知らぬ猛犬です。天狗は命令を受けるとすぐに下界へかけ下りました。

いざ天狗が太陽のそばに近づいてみると、それは思っていた以上に熱そうでしたが、王の命令にはさからえません。勇気を出して、ガブッとかみつきました。

「ウワワワワー、アツイ！」

天狗はあまりの熱さに太陽を吐き出しました。口に大やけどを負った天狗は、すごすご暗闇王のところに戻ってきましたが、王は厳しくしかりつけました。

「情けない犬め！　しかたあるまい。太陽はあきらめるとしよう。しかし、月のほうならなんとかなるであろう？　こんどは月を取ってこい」王はふたたび命じました。

天狗も「月なら楽勝、汚名返上《おめいへんじょう》だ」とばかりにふたたび下界へかけていきました。

おりしも月は、ちょうど太白山脈《テベクさんみゃく》の上空にさしかかったところでした。月は、友だちの太陽が猛犬に襲われたことなど知りません。一匹の黒い犬がこちらに近づいてくるのを見ると、軽く微笑《ほほえ》みかけました。しかし次の瞬間、いきおいよく顔面をかみつかれました。

「ウワワワワー！」

叫んだのは月ではなく、天狗のほうでした。天狗はとっさに口を放しました。月は太陽のように熱くないかわりに、氷の何千倍も冷たかったのです。天狗の口はこんどはひどい凍傷《とうしょう》になり、月を盗むのにも失敗して、尻尾《しっぽ》を巻いて暗闇国に戻りました。

命令に忠実な天の犬は、その後も汚名を返上するべく何年かにいちど、太陽や月にかみつきます。でもやはりいつでも失敗して、天上へ逃げ戻ります。いま、日食や月食と呼ばれるのが、この犬の襲来《しゅうらい》の時です。たらいに墨汁《ぼくじゅう》を混ぜた水を張り、そこに太陽や月を映すと、天の黒犬の姿を見ることができるといいます。

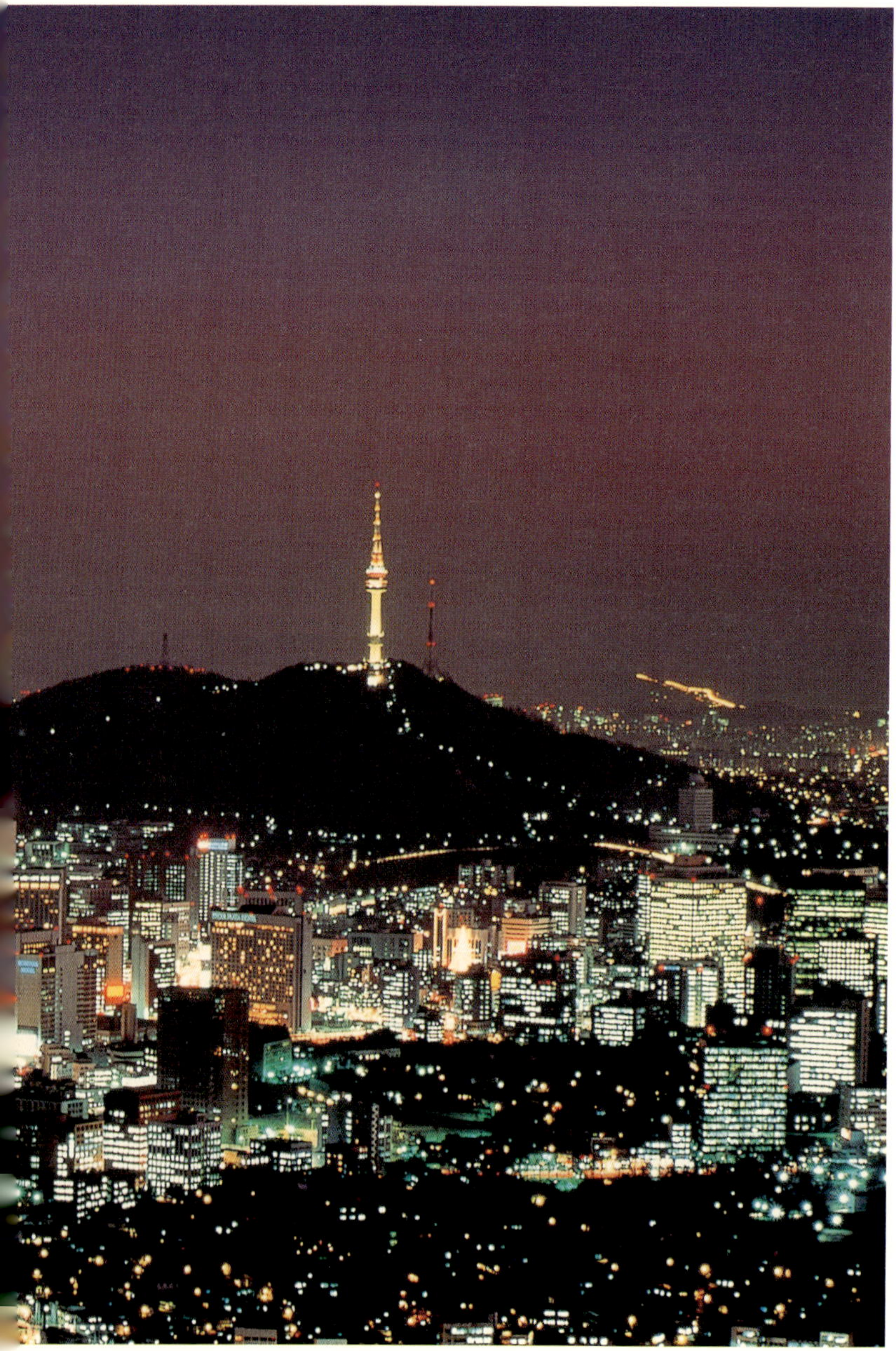

十六夜(いざよい)の月　＜韓国／ソウルの夜景＞

第二夜

（枝垂柳《しだれやなぎ》）

昔、月がかつて満州《まんしゅう》と呼ばれていたあたりを旅していた時のこと。

凍《い》てつく冬の夜中、月がある村の上を通りかかると、一軒の屋敷から女のどなり声が聞こえてきました。

「この役立たずの嫁め。さっさとこの桶《おけ》をかついで水を汲《く》んできな！」

こんな夜ふけになにごとだろうと月が眺めていると、ボロボロの服を着た若い娘が、大きな桶のついた天秤棒《てんびんぼう》を肩に、屋敷からヨロヨロと出てきました。そして彼女を追い立てるように、どなり声の主である女と、その息子が姿を現しました。この二人は身なりもきれいで、とくに女は派手な宝石をたくさん身につけていました。

「母さん、夜中に水汲みはムリだよ。彼女はよく働いてると思うよ」息子は言いました。

「おまえは黙ってなさい。家のことはすべてこの私がしつけるのさ」女は息子にピシャリと言うと、また娘をどなりつけました。

「私の言いつけもきけないような嫁は実家へ帰ってもらうだけさ。そしたらもちろん、おまえの両親に払ったお金もすぐに返してもらうよ。わかったら、とっとと川へ行くがいい」

娘が長い道のりをトボトボと歩き、ようやくたどり着いた川面《かわも》はすっかり氷におおわれていました。娘は川岸の柳の枝を折ると、それで氷を割りました。水は手がちぎれそうな冷たさです。娘は桶に水を汲むと、重くなった天秤棒を肩に、来た道を戻りはじめました。しかし、悲しいことに桶には小さな穴が開いていました。水は少しずつ漏《も》れ、娘が気づいた時には桶の中はカラになっていました。桶の穴は、もちろん姑《しゅうとめ》のしわざでした。

「どうしよう。また怒られるわ」娘はしかたなく、ふたたび川へと戻りました。

娘が先ほどの岸辺にたどり着き、水を汲もうと桶を片手にかがむと、川面にはやつれ果てた自分の姿が映りました。そしてそれを見た娘の目から大粒の涙がこぼれたその時、青い光がサッと射し込みました。ようすを見ていた月が娘の頭上にやってきたのです。娘は川面に映ったまんまるな月の姿を見つけると、月に向かってこう言いました。

「お月さま、私は貧しい家に生まれたばかりに嫁に売られました。そして毎日こき使われ、いじめられています。どうか私をここから救い出してください」

娘の祈りが終わるや、川岸の柳の枝が伸びてきて、娘の目の前に垂れました。そして娘がその枝をつかんだ次の瞬間、柳の木はスポッと根こそぎ抜け、娘は桶を持ったまま柳の木とともに月へと上っていったのです。

いまでもこの地方では、月の中に柳の木と娘の姿を見ることができます。そして娘は下界でのひどい仕打ちを見るたびに顔を曇らせ、空から桶の水をぶちまけるそうです。

2
1

ルナティックな夜

第三夜

（木《もく》犀《せい》）

昔、月が中国の都の空を旅していた時のこと。

おりからの秋の長雨のため、厚い雲の上で月がすっかり退屈していると、街はずれの一軒の苫屋《とまや》に、降りつづく雨をうらめしげに眺めている男の姿を目にしました。男はひとり身で、財も土地もなく、日々薪《たきぎ》を拾ってはそれを売ってなんとか食いつなぐような貧乏ぐらしでした。しかしなん日もつづく雨のせいで薪も拾えず、途方に暮れていたというわけです。

月は男をあわれに思い、せめて薪拾いが楽になるようにと、ひと粒の種子を男の苫屋の前に落としました。すると、その種子は土に落ちた瞬間にはもう芽を出し、その夜、男が眠っている間にぐんぐんと成長していきました。

久しぶりの青空が広がった翌朝、男が目覚めると、そこには枝いっぱいに金色の小さな花をつけた木犀の大木が立っていました。その花からはこの世のものとは思えない甘くかぐわしい匂いがします。男がためしに枝を一本折ってみると、すぐにそこからは新しい枝が生え、また金色の花を咲かせました。

「これは天からの贈り物だ」

男はさっそくこの木犀の枝を売りに街へ出かけました。木犀はおもしろいように売れ、男は貧乏ぐらしから抜け出すことができました。

いつしか男の木犀は都じゅうの評判となり、皇帝《こうてい》の母である皇太后《こうたいごう》もこの木犀を所望《しょもう》しました。男が木犀の枝の束を献上《けんじょう》すると皇太后はことのほか喜び、男にたくさんのほうびを与え、家臣《かしん》に取り立てました。こうして男はたいへん裕福になりました。

それから数年後、皇太后が重い病気にかかって亡くなると、悲しんだ皇帝は、母の大好きだった木犀の木を墓に埋めてやりたいと考えました。そして、男を呼ぶと、宰相《さいしょう》の位《くらい》と黄金の屋敷を授けるかわりに、木犀の木を伐《き》って献上するよう命じました。男がこの命令を断わる理由はありません。さっそく家に戻り、木犀の木に斧を打ち下ろそうとしたその瞬間、空から怒りに満ちた月の声が響きました。

「この欲張りめ！　金や地位につられてだいじな木を墓に入れるとは許せん。この木犀の木は、人々みながその匂いをかぎ、眺められるよう、月世界へ持って帰ることにする」

月の言葉に、男はあわてて木犀にしがみつきましたが、月は木犀を引き抜くと、男ごと運び去りました。

月世界に着いた男ははじめ、見慣れぬ景色にとまどっていましたが、それでもやはり宰相の位と黄金の屋敷が欲しくなって、木犀の木を伐りはじめました。しかし月では木犀の木は、いくら伐っても伐り倒されることはないのです。

いまも月がこの地方を通る時には、飽きずに月を伐る男の姿を見ることができます。

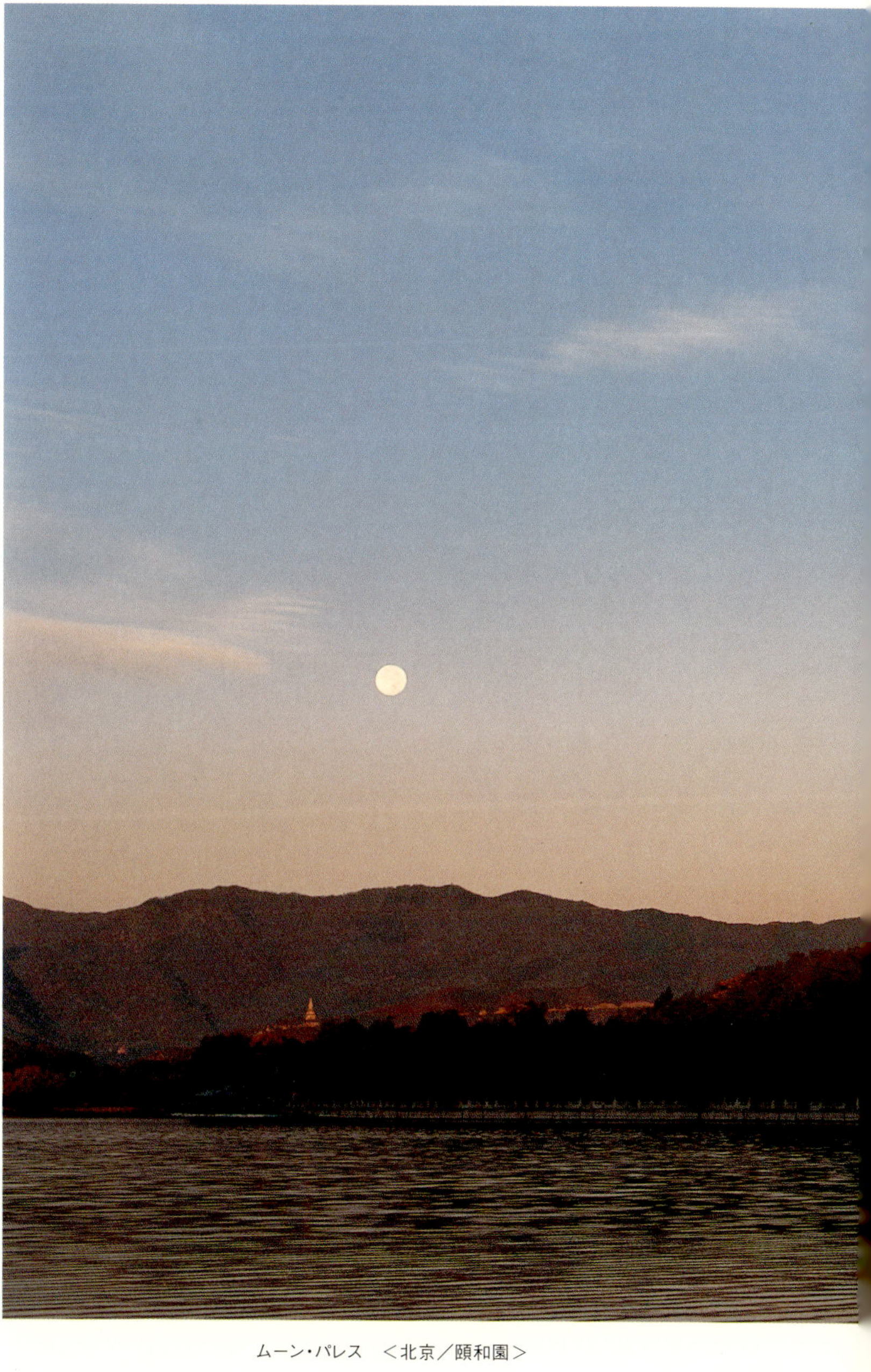

ムーン・パレス　＜北京／頤和園＞

第四夜

羽衣《はごろも》

昔、月が東シナ海から南シナ海にかけての島々の上空を旅していた時のこと。

エメラルド色の海とオパール色の珊瑚礁《さんごしょう》を夜空から眺めているうち、月は久しぶりに海でひと泳ぎしたい気分になりました。浜辺に下りてきた月は、空を飛ぶのに必要な羽衣を脱いで近くのアダンの木にかけると、波にその身を浸しました。しばらく泳いだのち、そろそろ空へ戻ろうと浜辺へ上がると、アダンの木にかけたはずの羽衣がありません。

「これは困ったことになった」月はしばらく途方に暮れていましたが、やがて東の空が白んできたため、ひとまず、浜辺に落ちていたヤシの実の中に隠れることにしました。

その日の午後、ひとりの老人が浜辺でおぼろな光を放つヤシの実を見つけました。不思議に思い、実を割ってみると、中からまばゆい金色の光につつまれた子どもが現れました。老人はびっくりして、その子どもを彼の家である小舟に連れて帰りました。

老人は妻と二人ぐらしでしたが、子宝には恵まれなかったので、ようやく自分たちにも子どもが授かったと大喜びしました。そしてこの金色の光の子どもがずっと家にいてくれるよう、夫婦でかいがいしく世話をしました。おりにふれ夫婦は「なにかほしいものはないか?」とたずねますが、子どもは決まって、「空へ戻るための羽衣がほしい」と答えるばかりでした。

じつは老人は、ヤシの実を拾った前の日の夜、浜辺のアダンの木に不思議な手ざわりの薄衣《うすぎぬ》を見つけていたのです。そしてその薄衣を持ち帰ると、宝箱にしているシャコ貝の中に隠したのです。老夫婦は子どもの言う「羽衣」はあの薄衣のことに違いないと思いましたが、子どもを手放したくないばかりに、そのことは黙っていました。

そのうち近郷《きんごう》から、金色の光の子どものウワサを聞きつけた欲張りたちが、手に手に豪華な絹を持って夫婦の小舟を訪ねてきました。子どもが「羽衣がほしい」と言っているのを知り、その織物を「羽衣」と称して、財をもたらしそうな子どもを連れていこうとしたのです。しかし子どもが首をたてに振ることはありません。

そんなある日、老夫婦が出かけた留守に、子どもはついにシャコ貝の中の羽衣を発見しました。そしてそれを身にまとうと、月の姿になって空へと戻りました。

夕方、老夫婦が家に帰ると子どもの姿がありません。シャコ貝を開けると、薄衣も消えていました。浜辺で夫婦が泣き悲しんでいると、目の前に金色の月が現れました。

「悲しむことはない。おまえたちがやさしい心を持っているかぎり、私の中におまえたちの子どもの姿が見えるはずだ」月は老夫婦に語りかけました。

二人は月を見つめるうち、そこにあの金色の子どもの笑顔が見えた気がしました。

金の月、金の波

第五夜

樹液《じゅえき》

昔、月がインドシナ半島の空を旅していた時のこと。

苗《なえ》の植えられていない棚田《たなだ》に映る田毎《たごと》の月の美しさを、丸い月みずからほれぼれと眺めていると、畦道《あぜみち》をトボトボと歩く兄弟らしい二人の少年の姿が目に入りました。

「お兄ちゃん、腹へったよう。家に帰ってご飯を食べたいよう」

「ダメなんだよ。ボクらはもう家へは戻れないんだ。二人だけでなんとか食べ物を探して生きていくか、さもなきゃ飢《う》えて死ぬしかないんだ」

兄弟の会話を聞いていた月は、二人の境遇を理解しました。この地方がこの年、未曾有《みぞう》の飢饉《ききん》にあえいでいることは聞いていました。おそらくこの兄弟は口べらしのために家を出されたのでしょう。痛ましく思った月は、一計を案じました。

兄弟が果実《くだもの》を求めてジャングルの中を歩いていると、コブラとマングースが激しく闘っているのに出会いました。兄弟は遠巻きにおそるおそる眺めていましたが、やがてマングースがコブラをかみ殺しました。そしてマングースは近くの大木から流れている樹液をすくい、それをコブラに塗りました。するとコブラはすぐに元どおりに生き返ったのです。兄弟は不思議なこともあるものだと思い、その見たこともない大木の下へ行くと樹液をすくいとり、持っていた竹筒に詰めました。

兄弟はなん日も歩いていくうちに、いつしか都にたどり着きました。そして王宮の門の前に行くと、お触れ書きが貼ってあります。文字の読めない兄弟が、門番にその内容をたずねると、この国の王女さまが不治の病にかかって余命いくばくもない。もし王女さまを治す者がいたら、王女さまの婿《むこ》として迎える、ということでした。兄弟は意を決し、王女さまを治したい旨を告げると、王宮の中に通されました。

ベッドに横たわった王女さまはすでに顔色もなく、息も絶えだえでした。兄弟はさっそく竹筒から樹液をひとさじすくうと、王女さまの唇に注ぎました。すると、たちまち王女さまの顔には生気がよみがえり、元の美しい王女さまに戻りました。こうして兄は王女さまと、そして弟は妹君と婚約することとなり、樹液の入った竹筒は王家の宝として象牙《ぞうげ》の箱におさめられました。

そして次の満月の夜、王女さまのとなりで眠っていた兄の夢に月が現れ、こう言いました。

「おまえたちに貸した不死の妙薬《みょうやく》、もう役目は済んだはずだから返してもらうぞ」

驚いた兄が飛び起きて象牙の箱を開けると、すでに竹筒はありませんでした。

兄弟はいまいちど魔法の樹液を得るべく、王宮の兵士を総動員して二人の歩いたジャングルを探しましたが、ついにあの大木を見つけることはできなかったということです。

明月（あかつき）の寺　＜ビルマ／ヤンゴン＞

第六夜

（印度素馨《プルメリア》）

昔、月がインドネシアの島々の上空を旅していた時のこと。

とても立派な王様が治める平和で豊かな島がありました。その島はとても小さな島でしたが、天国のように美しく、島民はみなつつましく幸福に暮らし、王様は人々からたいへん慕《した》われていました。月もこの島を訪れた時には、いつも王様にあつくもてなしてもらっていたので、この島と王様のことをたいへん快く思っていました。

いっぽう、そのとなりには、戦争の好きな強大な島がありました。独裁者《どくさいしゃ》である将軍は野心家で征服欲《せいふくよく》に満ちた男でした。いまだひとり身の将軍は、いつの日かとなりの島に王女が生まれたらその王女を嫁にもらい、その機に乗じて隣国をのっとろうと考えていました。

ある年、王様には待望の王女が生まれました。それは真珠《しんじゅ》のように白い姫君でした。やがて成長した王女は世界でも指折りの美しいプリンセスとなりました。

「ようやく時が来たぞ」そう思った将軍は、王様に書状を送りました。

〝貴国の美しい王女をぜひ私の嫁にいただきたい。そうすれば貴国とわが国は同盟国として永遠の平和と繁栄を得られることでしょう〟

書状を読んだ王様は、ちょうど通りかかった月に相談しました。月はこれを聞くと、

「これは策略《さくりゃく》に違いありません。将軍はこの島を侵略《しんりゃく》する気なのです」と答えました。

「しかし、断わったところで、ただではすまないでしょう」王様は心配そうに言いました。

「王様、これは運命というべきものです。王女は私が月世界に預かりましょう。そして王様は隣国の将軍を迎え撃つのです。私は天空からあなたの幸運を祈っています」

こうして月は王女を月世界に引き取り、王様は戦いの準備をはじめました。

求婚の返事が来ないことにしびれを切らした将軍は、軍隊を率いて島にやってきました。そして王女のゆくえを問いましたが、王様は答えません。将軍は腹を立て、この島に宣戦布告《せんせんふこく》しました。それから一ヵ月間、美しい島では凄惨《せいさん》な戦いが繰り広げられました。しかし、戦力にあまりの差がありました。小さな島の軍隊は全滅し、王様は首をはねられ、島は将軍に征服されてしまいました。

月世界からこの戦いを見届けた王女は悲しみにうちひしがれ、空から毎日たくさんの涙を降らせました。そしてある日、月にこう言いました。

「私、島へ戻って、人々の魂を鎮《しず》めたいのです」

月は王女の決心がかたいことを知ると、彼女を島へ戻しました。そして戦死者たちの亡骸《なきがら》の横で涙する王女の姿を、白い可憐《かれん》な花を咲かせるプルメリアの木に変えました。いまでもこの島の墓地にはプルメリアの木が植えられ、死者たちの魂をなぐさめています。

HOTEL

今宵の宿り　＜シンガポール／ラッフルズホテル＞

第七夜

玉兎《ぎょくと》

昔、月がガンジス河の流れる平原の上を旅していた時のこと。

かつてお釈迦《しゃか》さまが悟《さと》りを開いたとされる地にさしかかると、森の中からサルとカワウソとウサギの話し合う声が聞こえてきました。

「僕たちがいま、こんな動物の姿で暮らしているのはどうしてなんだろう」カワウソが言いました。

「きっと前世での行ないが悪かったんだよ」博学のサルが答えます。

「じゃあ、どうすれば人間になれるの？」ウサギがたずねました。

「いまからでもいいから世のため人のために役立つことをしてはどうだろう」

サルの意見にカワウソもウサギもうなずきました。

この話を聞いた月は年老いた旅人に姿を変え、地上に下りると三匹の前に現れました。

「旅のものです。もうなん日も食べていません。なにか食べ物を恵んでやってはいただけないでしょうか？」

三匹の動物は、これでよい行ないができるとはりきりました。

さっそくサルは高い木に登って木の実や果物を集めて旅人にさし出しました。カワウソは河に飛び込んで魚や貝を捕り、旅人にさし出しました。困ったのはウサギです。まさか草をちぎって食べてもらうわけにはいきません。考えあぐねたあげく、ウサギは枯れ木を集めて火を焚《た》きました。そして、

「私にはなにもさしあげるものがありません。どうか私の肉を召しあがってください」と言うやいなや、焚き火の中に飛び込みました。

旅人は驚いて月の姿に戻り、その冷たい光で焚き火を消そうとしましたが、時はすでに遅く、ウサギは黒コゲになっていました。

「ああ、あわれなウサギ。おまえには申しわけないことをした」

月は後悔にうめきました。

「サルとカワウソよ、おまえたちの心はけっして忘れない。きっとこの次は人間として生まれ変われるよう取り計らおう。そしてウサギよ、おまえは私とともに空で暮らすのだ」

こう言って、月は黒コゲのウサギを抱いて空へと帰っていきました。

いまでも月がこの地方の空を通る時には、そこにやさしい黒いウサギの姿を見ることができます。

月の夜舟(よふね)　＜チベット／ラサ＞

月下の沐浴(もくよく)　＜インド／ラージャスターン＞

第八夜

甘露《アムリタ》

昔、月がインドの荒涼《こうりょう》とした大地を旅していた時のこと。

月が夜風にあたっていると、家へ帰る途中のガネーシャ神がお伴《とも》のネズミに乗ってやってくるのが見えました。ガネーシャ神はシヴァ神とその后《きさき》パールヴァティーの息子で、ゾウの頭をもった富と繁栄の神様です。この日はちょうどガネーシャ神の誕生日にあたり、人々からのお供《そな》え物をいっぱい食べていましたから、ただでさえ丸いこの神様のお腹《なか》はいまにもはち切れそうでした。

そんなガネーシャ神を乗せて歩くネズミの前を、ふいに大きなニシキヘビが横ぎったため、驚いたネズミは背中のガネーシャ神を、おもわずドスンと落としてしまいました。そのとたん、ガネーシャ神のパンパンに張っていたお腹が裂け、中に入っていたお供え物が道に飛び出しました。

「おやおや、こいつはたいへんなことになった。ガネーシャ神はどうする気だろう」

月が心配して上空から見ていると、ガネーシャ神はこぼれたお供え物をかき集め、またお腹の中に詰め込みました。そしてさっきのニシキヘビを紐《ひも》がわりにしてお腹を縛り、ふたたびネズミに乗って家に向かって進みはじめました。

月はこのようすを見て、思わず「ワハハハ」と大笑いをしてしまいました。空からの笑い声に気づいたガネーシャ神は怒って月のほうを振りあおぐと、片方の牙《きば》を抜き、月に向かって投げつけました。牙は見事に突き刺さり、月はその光を失ってしまいました。

この事態にほかの神々は困りました。なにしろ月は、神々に不老不死《ふろうふし》の力を与える滋養《じよう》の水、アムリタを作っているのです。アムリタがなければ、神々はその威厳《いげん》を保って自然や人間たちを司《つかさど》ることもできなくなります。神々はガネーシャ神をなだめ、月への怒りを解いてもらいました。そして月をその故郷である海に連れていくと、丸い姿に戻し、アムリタを作るための明るい光をとりもどさせることに成功しました。こうして神々はまた毎夜アムリタの水を月からもらえるようになったのです。

ところでこの地方では、人間の魂の循環《じゅんかん》についてこんな話があります。生前よい人間であった者の魂は、死ぬと煙になって空へ上り、夜の世界を通って月世界にたどり着きます。そこでアムリタの成分となって、いったん神々の体内に取り込まれたあと、やがては空に排出されます。空に排出された魂は、雲になり雨になり、大地に降り注ぎます。そしてその雨が育てた食糧を通してふたたび人間の体内に入り、魂は現世《げんせい》に還《かえ》るというのです。

人々が月を見た時に、どこかなつかしさをおぼえるのは、この魂の循環のためかもしれません。

神代（かみよ）の月　＜インド／プシュカル＞

第九夜

梯子《はしご》

昔、月がヒマラヤの山中を旅していた時のこと。

月が峰々《みねみね》をベッドにぐっすりと眠っているころ、ふもとの村では不気味《ぶきみ》なウワサが流れていました。恐ろしい鬼がやってきて、人々を喰ってしまうというのです。

村はずれの丘にある貧乏な農夫の家にも、このウワサは伝わってきました。農夫は妻と小さな女の子の三人ぐらしでしたが、貧しい一家の働き手となる男の子がほしかったのです。娘は人一倍おお食らいで、しかも器量がよくないために嫁のもらい手もなさそうでした。ですから夫婦はこの娘を、日ごろからうとましく思っていました。そこで、女の子を鬼の生けにえとして家に残し、自分たちだけで山向こうの村へ逃げることにしました。

両親の言いつけで、女の子が稲田で鳥を追いはらっていると、一羽のカラスがやってきて言いました。

「カー、カー、かわいそうな女の子。おとうさんとおかあさんに捨てられちゃった」

「まあ、いやなカラスだこと。そんなことを言ってアタシを家に帰して、そのすきにお米を食べていくんでしょう」と女の子は言いましたが、なおもカラスは、

「カー、カー、かわいそうな女の子。ひとりぼっちになっちゃった」と鳴きつづけました。

さすがに心配になってきた女の子が家に戻ると、そこはもぬけのカラでした。女の子は庭の高い桃の木に登り、周囲を眺めてみましたが、すでに両親の姿はどこにもありません。女の子が木の上でシクシクと泣いていると、下からお年寄りの声が聞こえました。

「お嬢さん、すまんがワシに桃の実をひとつ取って、下りてきてくださらんか?」

女の子はこの大変な時に面倒な話だと思いましたが、お年寄りには親切にしなければいけません。しかたなく桃の実をひとつ取ってそれを着物のたもとに入れ、木を下りました。

木から下りた女の子を待っていたのは、なんと、あの恐ろしい鬼でした。

鬼は女の子をかつぐと、山の洞窟《どうくつ》の住処《すみか》へと連れていきました。女の子は夕食の時にゆっくり食べることにして、檻《おり》の中に閉じ込め、カギをかけました。

鬼は一服したあと、ふたたび人をさらいに里へ出かけていきました。鬼がいなくなるとどこからか一匹のやせ細った犬が檻に近づいてきて、女の子に言いました。

「どうか食べ物を恵んでもらえませんか? そうしたら檻のカギを開けて、あなたを逃がしてあげます」

女の子は着物のたもとに入れてあった桃のことをふと思い出し、犬のほうに投げてやりました。犬は大喜びで桃を食べると、カギをくわえてきて、檻を開けました。

「ありがとう、娘さん。お礼にこれを持っていくがいい。きっと鬼から逃げる時に役立つはずだ」

月映え／白　<ヒマラヤ／アンナプルナ>

月映え／紅　＜ヒマラヤ／マチャプチャレ＞

第九夜

と言うと、大きな耳の中から土でできた鈴とドングリの実と水晶の粒をひとつずつ取り出し、女の子に渡しました。女の子は犬に礼を言い、洞窟を出て一目散《いちもくさん》に里に向かってかけ下りていきました。

さて、洞窟へ戻ってきた鬼が、女の子が逃げたことを知って怒り狂ったのは言うまでもありません。鬼は逃げる女の子を猛スピードで追いかけ、みるみる女の子の背中に迫りました。女の子は必死で走りながらも、犬にもらったプレゼントのことを思い出し、まずは土の鈴を鬼に向かって投げつけました。すると土の鈴はたちまち高い山となって鬼の行く手をふさぎました。鬼が山を乗り越えようとしているすきに、女の子は必死に逃げました。

しかしそれも束の間《つかま》、鬼はまた女の子に追いつきました。女の子が次にドングリの実を投げると、たちまちドングリは深い椎《しい》の森に変わり、鬼の行く手をふさぎました。鬼が森に手こずっている間に、女の子はまた夢中で逃げました。

しかし、しばらくすると、またも鬼は女の子に迫ります。女の子は最後に残った水晶の粒をおもいっきり投げつけました。するとたちまち鬼の前に、大きな湖が広がったではありませんか。しかし鬼のことですから、この湖を渡りきるのも時間の問題です。途方《とほう》に暮れる女の子の目の前の湖に、丸い月の姿が映りました。月がようやく目を覚まし、峰から顔を出したのです。女の子は月に助けを求めました。

「お月さん、もしアタシがいい子だと思うのなら、そこから鉄の鎖《くさり》のハシゴを下ろしてください。もし悪い子だと思うのなら、麻縄のハシゴを下ろしてください」

起きたばかりで事情がよくわからなかった月は、言われるがままに鉄の鎖のハシゴを下ろしました。

女の子は下りてきたハシゴをつかむと急いで天へとよじ上りはじめました。

湖をも渡りきった鬼は、ついにハシゴの下まで追いつきました。そして、女の子のマネをして月に声をかけましたが、自分が悪者だということを自覚していた鬼は、策をめぐらしてこう言ったのです。

「お月さん、もしオイラがいい子だと思うのなら、そこから麻縄のハシゴを下ろしてください。もし悪い子だと思うのなら、鉄の鎖のハシゴを下ろしてください」

まだ寝ぼけていた月は、あまり頭が回っていませんでした。そしてこんども言われるまま、麻縄のハシゴを下ろしました。鬼はしかたなく麻縄のハシゴをつかむと、用心深く天に上っていきました。しかし鬼の体は重かったので、あんのじょう麻縄はプチンと切れ、空中から真っ逆さまに墜落《ついらく》し、あっけなく死んでしまいました。

女の子はいまも天上に住み、天の川のそばで牛の乳をしぼっているそうです。

月球密造所　＜トルコ／カッパドキア＞

第十夜

（言霊《ことだま》）

昔、月が南アフリカのサバンナの空を旅していた時のこと。

この地域の人々がとてもよく働き、善良なことを知った月は、人々に永遠の命を与えてやろうと考えました。月は地上へ下りると、一匹のカメを呼んで使いを頼みました。

「カメよ、いまから人間のところへ行って、こう伝えるのだ。この私が死んでもまたふたたびよみがえるように、おまえたちも死んでもまたよみがえるようにしてやる、とな」

カメはさっそく歩き出しましたが、あまりにものろく、しかもなんども立ち止まっては月の伝言を忘れないよう繰り返していたので、月はイライラしてきました。そしてこんどは足の速いウサギを呼びつけ、おなじ伝言を託《たく》して人間たちのところへ向かわせました。

ウサギが全速力で走っていると、とちゅうで大きなヘビに出会いました。ヘビはウサギを喰おうと襲いかかりましたが、喰われたくないウサギは、あわててこう言いました。

「ヘビさん、待ってください。月からのすてきな伝言があるんです。あなたたちが死んでも、またよみがえるようにしてあげる、とのことです」

これを聞いたヘビはごきげんになり、ウサギを逃してやりました。

ウサギは間もなく人間たちのところに着くと、月の伝言を伝えようとしました。しかしヘビに襲われて気が動転したのでしょうか、伝言の内容がなかなか思い出せません。しかたなくウサギは、月からのことばをうろ覚えのままに伝えました。

「月からの伝言です。これからは、月が死んだら二度とよみがえらないように、おまえたちも死んだら二度とよみがえらないようにする、とのことです」

ウサギは、役目は無事果《は》たしたとばかりに意気揚々《いきようよう》と月のところへ戻ると、ことの次第を報告しました。月はウサギがまるでデタラメな伝言をしたことを知り、怒りました。そして、そばにあった棒でウサギを殴りつけ、その唇を二つに裂きました。ウサギのほうも負けじと月に飛びかかり、その顔を爪で引っかきました。

月とウサギがそんなケンカをしていると、ひとりの男が泣きながらやってきました。

「おっかさんが死んじまった。お月さんが言ったとおり、生き返らなくなっちまった！」

「心配ない。おまえの母は眠ってるだけだ」

ヤレヤレといった表情で月は男に言ってやりましたが、男はいっこうに信じません。

「おっかさんが死んじまった。お月さんに殺された」

なおもこう言って泣きわめきました。さすがの月もカッとなって、

「もうよい！　そうまで言うなら、みんな、ウサギの伝言どおりにしてやる！」

かくして人間は死んだら生き返らず、ヘビは脱皮《だっぴ》して若返ることとなりました。

ムーン・ウォーク　＜タンザニア／セレンゲティ＞

第十一夜

肉月《にくづき》

昔、月が西アフリカの大河の近くを旅していた時のこと。

空で昼下がりの散歩を楽しんでいた月が、ヤシの葉で屋根を葺《ふ》いた土の家がならぶ村の上にさしかかると、ひとりの弱々しい女が家から出て、なにやら一心に祈っています。

「なんだろう」と月が耳をすますと、

「私は貧乏でからだも弱く、もう食べる物もありません。このままでは飢え死にしてしまいます。どうか食べ物を与えてください」という、かぼそい声が聞こえてきました。

あわれに思った月は地上へ下りて、女に言いました。

「かわいそうな女よ。もし私の肉でよければ、これから毎晩食べるがよい」

それから毎夜、月はそっと女の家を訪れました。そして女は、ナイフで月の肉を少しずつ削り取っては、これを食べていました。

いつしかまんまるだった月の姿はじょじょに細くなり、その光も心なしか弱くなっていきました。さすがに村の人たちもこの月の姿を不思議に思いました。そしていちど、月のようすを夜どおし眠らずに観察してみよう、ということになったのです。

その夜、人々が隠れてこっそり見ているとは知らず、いつものように夜半《やはん》過ぎになると、月は女の家にそっと下りてきました。女は月の姿を見ると台所へ行ってナイフを持ち出し、月の肉をひときれ削って口に入れました。そしてもうひときれ食べようとふたたびナイフを月のからだにあてた時、人々がいっせいに飛び出してきました。みな、手に手にナイフを持っています。月と女はびっくりしました。

「お月さんよ、こっちにもその肉、わけてくれよー」みな口々に言いました。

「とんでもない！　そんなことをしたら私は死んでしまう」月はあわてて言いましたが、人々はおさまりそうにありません。このままではナイフで刺し殺されてしまいそうです。困った月はしぶしぶこう言いました。

「しょうがない。私の肉を食わせてやろう。ただし、ものには限度がある。食べるのは女性だけ、それも一ヵ月にいちどきりということにしよう。それから、私のからだが痩《や》せて見えなくなってきたら、それ以上は食べずに、私がふたたび肥《こ》えてまんまるくなるまで待つのだ。よいな」

これ以来この地方では、月が一ヵ月ごとに太ったり痩せたりするようになったとのことです。また、月はへたに願いごとを聞いてひどい目にあわないよう、昼間は外に出ず、空の奥深くに隠れているようになりました。

千夜一夜　＜サウジアラビア＞

第十二夜

（聖《せい》夜《や》）

昔、月がペルシア湾から地中海に向けてアラビア半島の上空を旅していた時のこと。

ことのほか星がまぶしく輝いた夜、月が小さな村にさしかかると、ひとむねの馬小屋を柔らかな光がつつんでいるのが見えました。その馬小屋の中をそっとのぞくと、飼葉桶《かいばおけ》の中に生まれたばかりの神々《こうごう》しい赤ん坊の姿が見えました。そのかたわらではその子を産んだ母親らしい女性がやさしい笑《え》みを浮かべています。月はこのようすを見ているうちに、自分が誕生した時の記憶がなつかしくよみがえるのを感じました。

それはどこか遠い遠い宇宙でのことです。まだあらゆる生命はおろか、月も太陽も星々も生まれていませんでした。そこには偉大なるものとその聖なる御子《みこ》だけがいて、偉大なるものは、日々、光と闇や、空と大地と海などを創造していました。そして聖なる御子はいつもそんな父の着物の裾《すそ》を引っぱって、ついて歩いていました。

ある日、偉大なるものは息子に言いました。

「いつも私について歩くだけではなく、自分でもなにかつくってみてはどうだね？」

聖なる御子は父の言葉に大きくうなずくと、大地の土をこね、大きい二つの球《たま》と小さなたくさんの球をつくりました。そのようすを見ていた父は息子にたずねました。

「息子よ。そんなにたくさんの土の球をいったいどうするつもりなのかね？」

「はい、父上、これからこの球を宇宙に放り投げて、ばらまくのです」

「ではためしにその大きな球をひとつ投げてごらんなさい。どこまで上がるか見てみよう」

聖なる御子は大きな球をひとつつかむと、思いきり宇宙に投げました。偉大なるものはその時、この球に祝福を与えたので、球は空高くにとどまり、まぶしい光を放ちはじめました。太陽の誕生です。聖なる御子はその光の強さにビックリしました。

「上出来だ。もうひとつの大きな球も投げてごらん」父は言いました。

「はい。でも父上、さっきのはまぶしすぎます。こんどはもう少し弱い光にしてください」

偉大なるものがうなずくと、聖なる御子はもうひとつの大きな球を宇宙に放りました。

父はまたこれに祝福を与えたので、球は空高くにとどまり、太陽よりも淡くやさしい光を放ちはじめました。こうして月が生まれたのです。

聖なる御子がつくった残りの小さな球は、夜空に輝く星々になりました。

月は旅の途中で出会った、馬小屋で生まれた赤ん坊の顔に、あのなつかしい聖なる御子の面影《おもかげ》を見たような気がしました。そしてこの馬小屋の母と子の愛しい姿を永遠に心に残しておきたくて、そのシルエットをわが身に写し込みました。

いまでも月の表面に聖母子の姿を見る人は多いといいます。

黎明（れいめい）

第十三夜

（微睡《まどろみ》）

昔、月がエーゲ海の上空を旅していた時のこと。

夕闇のおとずれた石灰岩《せっかいがん》の白い山に月が顔を出すと、オリーブの林の中にヒツジたちを連れ歩く美少年の姿が見えました。少年は見晴らしのいい岩棚《いわだな》に横になってしばらく角笛《つのぶえ》を吹いていましたが、やがてウツラウツラとまどろみはじめました。

月は少年を照らしながら、その顔をじっとのぞき込みました。

「なんと純真で清らかな寝顔なのだ。きっと美しい心の持ち主に違いない」

月がそんなことを思っていた時、少年がポツリ、「セレナ……」と寝言を口にしました。

「セレナ」とは、この地方で月の女神を指す名前でした。そこで月は、女神の姿をかりて、少年の夢の中をのぞいてみることにしました。

夢の中、岩棚に寝そべっていた少年は、そのかたわらに、青白くやさしい光につつまれた女性が立っていることに気づきました。女性は薄く白いワンピースにパールの帯をしめ、銀のティアラを髪にのせていました。少年はあわてて起き上がり、女性にたずねました。

「どうしてあなたのような女の人がこんな時間、こんな岩山にいるのですか？　僕は毎夜ヒツジたちを連れてこの山に来ていますが、ここで女の人を見たのははじめてです」

少年の問いに、女性はやさしく微笑《ほほえ》みながら答えました。

「はじめて？　そんなことはないでしょう。あなたは毎夜私を見つめ、私の名前を呼んでいましたよ。そして時には、すてきな角笛の調べを聞かせてくれたではないですか」

「すると、あなたは月の女神さま?!」そう少年が叫ぶと、夢は覚めました。少年はあわててあたりを見まわしましたが、そこにはいつもの月の青い光と静寂《せいじゃく》があるばかりです。

次の日、少年はまた同じ岩棚に行き、夜の帳《とばり》が下りるのを待ちました。しばらくして月が上り、少年がウトウトしはじめると、少年の夢の中にはまた美しい女神が現れました。少年が愛を告白すると、女神は黙って静かに微笑み、少年の唇にキスをしました。そして、少年が女神を抱きしめようとすると、とつぜん夢は覚めました。

こんな夜がいく日もつづきました。夢はいつも同じ場面で覚めます。いつしか少年は自分が現実の中で生きているのか、夢の中で生きているのか、わからなくなりました。

「女神さま、僕は夢から覚めるたびにあなたと別れるのがつらくてなりません。どうか僕を夢の世界の住人にしてください」ある夜の夢の中で、少年は女神に言いました。

月は少年のこの言葉を聞くと、眠ったままの少年を、ある島の深い入り江に運びました。以来、少年は目を開くことなく、いまも美少年の姿のままこの入り江に横たわっています。そして入り江に月光が射し込むと、少年の美しい顔には微笑が浮かぶのだそうです。

月の神殿　＜アテネ／アクロポリス＞

第十四夜

乾酪《チーズ》（前編）

昔、月がスペインの空を旅していた時のこと。

すっかり丸くなった月が、クルクルと回る丘の上の風車を眺めながら歩いていると、眼下をトボトボ行く一匹のオオカミの姿が目に入りました。かなりお腹《なか》を空かしているようすのオオカミは、やがて一匹のキツネを見つけ、近づいていきました。

「やい、キツネ！　オレはいま、猛烈《もうれつ》に腹ペコだ。これからおまえを喰うから覚悟しろ！」

オオカミの声に驚いたキツネは、ふりむいて言いました。

「オオカミさん、ごかんべんください。ワタシだって腹ペコで、ほら、こんなに痩《や》せっぽちです。食べるところなんてないですよ。それに家では子ギツネたちが待ってるんです」

「そんなことはオレには関係ない」そう言うや、オオカミはキツネに襲いかかりました。

「待って！　オオカミさん、いいこと教えますから。じつはワタシ、おいしいチーズでいっぱいの井戸を知っているんです。そこへ行っていっしょにチーズを食べましょう」

「ほんとうか?!」オオカミは大きく開いていた口を閉じました。

「ほんとうですとも！　行けばわかります」

二匹は丘の下の白い家にたどり着くと、その塀《へい》を乗り越え、井戸のある庭にやってきました。キツネはさっそく井戸の中をのぞきこみました。井戸の中の水には、上空から二匹のようすを眺めている丸い月の姿が映っています。

「ほら、ごらんなさい、オオカミさん。大きなチーズがありますよ。ああおいしそう！」

オオカミが井戸をのぞくと、たしかに大きなチーズが見えました。

「よし、おまえ、中に入ってチーズを取ってこい」オオカミはキツネに言いました。

キツネは釣瓶《つるべ》にかかっている二つの桶《おけ》の片方に飛び乗ると、井戸の中へ下りていきました。そして上にいるオオカミに向かって叫びました。

「このチーズ、重くて持ち上がりませんよ。オオカミさんも下りて手伝ってください！」

「よし、わかった」オオカミはこう言うと、残っていたもうひとつの桶に飛び乗りました。

オオカミのからだは重く、桶はスルスルと井戸の底に下りていきます。そしてそれと入れ違いに、軽いキツネを乗せた桶はスルスルと上にあがっていきます。桶が井戸から出ると、キツネは飛び下り、子ギツネたちの待つわが家へかけていきました。

一部始終を見ていたチーズのような月は、

「オオカミらしいと言うべきか……」と苦笑いを浮かべ、丘をあとにしました。

井戸の底からは、しばらくオオカミの遠吠えが響いていましたが、やがてそれも聞こえなくなりました。

月光騎士団の夕べ　＜スペイン／ラ・マンチャ＞

第十四夜

乾酪《チーズ》［後編］

スペインをあとにした月は、続いてケルトの国の上空にさしかかりました。

　下界に広がる緑の草原を眺めて歩くうち、月はまたもや古い井戸があるのを見つけました。もしやと思い、しばらく夜空から眺めていると、あんのじょう、井戸の近くにいた十人の男たちがかわるがわる井戸をのぞきこんでいます。そしてなにやら井戸端会議《いどばたかいぎ》をはじめました。

「見たか?!　あの大きくてうまそうなチーズ」

「いったい誰があんなところに隠したんだろう？」

「そんなことはどうでもいいさ。はやいとこ、いただいちゃおうぜ」

「でもとても深そうな井戸だぞ。ロープもないのにどうやって取るつもりだ？」

「みんなが順番に足首をつかんで、人間バシゴになって手を伸ばせば、じゅうぶん届くだろう」

「そりゃ、いいアイデアだ」

　こうして十人は数珠《じゅず》つなぎに宙吊《ちゅうづ》りになって、井戸の中へと下りていきました。

　しかしそのうちに、地上で九人の体重を支えていた十番目の男が、予想以上の重さに耐えきれなくなりました。

「すまん！　もういちどしっかりつかみ直すから、ちょっとのあいだ、おまえたちはおたがいにしっかりと下のやつの足首をつかんでおいてくれ」

十番目の男は下の九人にこう声をかけました。そして、気合いを入れるために手にツバをしようと両手をはなした瞬間、九人は井戸の底へまっ逆さまに落ちていきました。

ひとり地上に残った十番目の男は、井戸の底のなにやら騒がしいようすに、

「おい、自分たちだけで食うなよ！」と言うなり井戸の中に飛び込みました。

一部始終を見ていたチーズのような月は、

「これまた人間らしいと言うべきか……」と苦笑いを浮かべ、緑の草原をあとにしました。

村の人々が、行方不明になった十人を井戸の底に見つけたのは、男たちが溺れ死んでから何ヵ月もあとのことです。

太古の響き　<イギリス／ストーンヘンジ>

第十五夜

（安息日《あんそくび》）

昔、月がヨーロッパ各地の空を旅していた時のこと。

夜ごとブラブラと散歩しているばかりの月に、天使が近づいてきてある役目を頼みました。それは、「休んで祈るべき時として神様から労働を禁じられている日曜日や夜中に、この禁を犯して働こうとする者、また夜陰《やいん》にまぎれて盗みをはたらく者などを、月の光で照らして見つけ出し、こらしめてほしい」というものでした。

月はこの役を引き受けることにしました。そして、さっそくヨーロッパじゅうを回りながら、不届き者がいないかと夜空から見張っていました。

ドイツでは、日曜日なのに教会へも行かず、農場の柵《さく》を修理している夫と、家でバターをつくっているその妻を見つけました。月は二人の前に現れると、

「日曜日に働いた者は、その罰として太陽の中か月の中に入ることになるが、おまえたちはどちらがよい？」とたずねました。

太陽の中はあまりにも暑そうだと思った夫婦が、

「月がいい」と答えると、月は夫婦をすぐに空に連れていきました。

またクリスマスの夜には、キャベツ畑に入ってキャベツを盗もうとする男を見つけたので、これも月の中に閉じ込めました。

スイスで泥棒を見つけた時には、月光に照らされた泥棒があわてて桶《おけ》に水を汲《く》み、それを月にかけようとしたので、桶ごと月の中に閉じ込めてしまいました。

フランスに行くと、ランプの油代をケチって、夜中に月の光の中で洗濯や縫い物などをする女がいたので、こらしめるために家じゅうのコップや鉢《はち》や皿をひっくり返して粉々にしてやりました。

また祭りの日、焚火《たきび》に使う大事な小枝をこっそり盗んだ少年がいました。彼は仲間に問い詰められた時、とっさに言い逃れようとしました。

「ほんとうに俺が盗んだんなら、俺は月に行ってもいいぜ」

これを聞いていた月は、少年をほんとうに連れていってしまいました。

イギリスでも、日曜日に薪《たきぎ》を拾って、それを背負って歩いている男に出会ったので、そのままの姿で月の中に閉じ込めました。

イタリアを歩いていた時には、他人の麦畑で麦を刈ろうとする農夫の姿を見つけました。月がこの農夫を照らすと、彼は垣根《かきね》のイバラを月に向かって投げつけ、月光をさえぎってそのすきに逃げようとしました。しかしイバラが男の上着に引っかかっていたために、男はイバラごと月に閉じ込められました。

こんなぐあいに次々と手柄をたてた月ですが、時には失敗することもありました。

第十五夜

イタリアでのこと。日曜日の夜、麦打ちをする小屋から物音がするので、「さては安息日に仕事をする不届き者、いや泥棒かもしれないな」と思った月は、近寄って小屋の中を照らしました。すると若い恋人たちが愛をささやき合っているではありませんか。

「失礼、失礼！」月はあわてて二人にあやまりましたが、娘の父親がその声に気づき、母屋《おもや》から出てきました。

青年はとっさに麦わらをひと山、月に向かって投げつけました。そして、その麦わらにさえぎられて月の光が陰ったすきに、急いで小屋から逃げ出しました。父親が小屋に入ってきた時、そこには月明かりで本を読む娘の姿しかありませんでした。

この時、青年がかなり強く麦わらを投げつけたので、いまでも月がこの地方を通る時には、その顔に麦わらがくっついているように見えるそうです。

おそれ入りますが、切手をお貼り下さい。

151-0051

東京都渋谷区千駄ヶ谷3-56-6

（株）リトルモア行

Little More

ご住所　〒

お名前（フリガナ）

ご職業

□男　□女

メールアドレス

リトルモアからの新刊・イベント情報を希望　□する　□しない

小社の本が店頭で手に入りにくい場合は、直接小社に郵便振替か現金書留で本の税込価格に送料を添えてお申し込み下さい。

送料は、
税込価格5000円まで ―――― 350円
税込価格9999円まで ―――― 450円
税込価格10000円以上は無料になります。

振替：口座番号＝00140-0-87317
加入者：（株）リトル・モア

URL http://www.littlemore.co.j

ご購読ありがとうございました。
今後の資料とさせていただきますので
アンケートにご協力をお願いいたします。

voice

書名

ご購入書店

市・区・町・村　　　　　　　　書店

本書をお求めになった動機は何ですか。

□新聞・雑誌などの書評記事を見て（媒体名　　　　　　　）
□新聞・雑誌などの広告を見て
□友人からすすめられて
□店頭で見て
□ホームページを見て
□著者のファンだから
□その他（　　　　　　　）

最近購入された本は何ですか。（書名　　　　　　　）

本書についてのご感想をお聞かせ下されば、うれしく思います。
小社へのご意見・ご要望などもお書き下さい。

ご協力ありがとうございました。

宵待月(よいまちづき)　＜イタリア／トスカーナ＞

第十六夜

葡萄酒《ワイン》

昔、月がフランスの田舎《いなか》の空を旅していた時のこと。

夕刻、ブドウ畑の広がるある村にさしかかった月がふと眼下に目をやると、広場に集まった村人たちが空を見上げ、なにやら口々にわめいています。

「ブドウの新芽が、ぜんぶ霜《しも》にやられてしまった。これはきっとあの赤い月のせいだ」

「月をなんとかしないことには、また霜にやられてワインがつくれなくなってしまうぞ」

人々はどうやら宵《よい》の口からワインを飲んでいるらしく、どの顔もみな赤ら顔です。そのうち、ひときわ赤い顔をした村長が壇上に上り、こう言いました。

「ワシによいアイデアがある。みんな明日の夜、あるだけのたらいを持ってここに集まるのだ。あの月の運命も今宵《こよい》かぎり。まずはその前祝いじゃ」

そして人々は盛大にワインを飲みはじめました。

「こりゃ、とんだ言いがかりだなぁ」と月は思いましたが、なにやら楽しげな村なので、しばらく滞在することにしました。

明くる夜、月が空に顔を出すと、村人たちが広場にたらいを積み上げ、ひとりの小男がヒョイヒョイと上ってきます。

「あとひとつだ！　あとひとつたらいを積み上げれば、月をつかまえられるぞ！」

小男はたらいの塔のてっぺんから叫びました。しかし、村のたらいはひとつ残らず使ってしまいました。人々が思案していると、また村長が口を開きました。

「ワシによいアイデアがある。いちばん下のたらいはもう用がすんでいるわけだから、こいつをいちばん上にもっていこう」

村はじまって以来の天才と、誉《ほま》れ高き村長です。その意見に異議をはさむものなどありません。村いちばんの力持ちがいちばん下のたらいに手をかけたとたん、百年ぶんの雷《かみなり》のような音とともにたらいの塔はくずれ落ちました。そして、肋骨《あばらぼね》を折ってしまった小男をなぐさめるため、人々は連れ立って飲みに行きました。

それから数日後の夕方、例の小男が村長の家にかけ込んできました。

「村長、早く早く！　月が川向こうの丘の上で寝ているぞ！」

村長が外に出て丘のほうを見ると、たしかに月が寝ています。村人たちは大急ぎで川向こうの丘を目指しました。しかし橋のない川をわたるのは簡単なことではありません。村人たちがようやく丘の上に着いたころには、月はすでに空高く上がっていました。

「ウララー、月のヤツめ、うまく逃げやがった」こうして村人たちは、残念会と称してまた飲みに行きました。

柔らかな月

月のささやき

第十六夜

月狩りはその後もなんどか決行されましたが、いつも失敗に終わり、そのたびに人々は残念会を開きました。ある夜、村長がまたこんなことを言いました。

「ワシにいいアイデアがある。われわれが月を消そうとする発想じたいに間違いがあるのではないかね？　月を消したら、いったい誰が種をまく時期を教えてくれるのじゃ？　われわれはむしろあの月を大切にすべきではないだろうか」

村長の演説はいつもよりも説得力がありました。そしてその夜はみな、偉大なる月のために大いにワイングラスを傾けました。

それから数日ののち、例によって小男が村長の家にかけ込んできました。

「村長、早く早く！　月が、いや、お月さまが沼で溺《おぼ》れてる。急いで助けなきゃ！」

村人たちが沼にかけつけると、たしかに水面には月の姿があります。

「ワシにいいアイデアがある。ロバに沼の水を飲み干させて、それで月を助けるのだ」

村長のこの言葉に、一頭のかわいそうなロバが沼に連れられてきました。そして従順《じゅうじゅん》なロバは言われるがまま、沼の水を飲みはじめました。ちょうどその時のこと、空に雲がかかって月を隠したため、沼の月も姿を消しました。

「わっ、月が消えた！　ロバが月を飲み込んでしまった！」

小男の声にロバはびっくりして、スタコラ逃げ出しました。村人たちはロバを追いかけ、ようやく広場でつかまえると、急いで腹を裂きました。しかしそこに月はありません。

「きっと、道々《みちみち》ウンコといっしょに月もまき散らしてしまったんだ」人々が悲しんでいると、小男がまた叫びました。

「いたぞ！　月がいたぞ！」

月は広場の泉の中にいました。いえいえ、雲が晴れて、また顔を出しただけですけれど。

村人たちは泉の石垣をくずして水を抜こうと、フックのついたロープを泉の石垣に引っかけました。そして、村いちばんの力持ちを先頭にして、つなひきのようにロープを引っぱりました。しかし石垣はびくともしません。それでもエンヤラヤ、ドッコイサと引っぱっていると、ついにロープがブチンと切れました。人々はみなひっくり返ってしりもちをつきました。そしてあおむけになった人々が空に見たもの、それはまんまるな月でした。

「やったー！　成功だ！　月を空に戻したぞ！」

村人たちは大喜びでさっそく盛大な祝宴《しゅくえん》の準備に取りかかりました。

「なかなか楽しい村だったな」

月はこう言って微笑むと、また旅立っていきました。

この村の人たちがあまりに浮世離《うきよばな》れしているので、近隣《きんりん》の村々から「月の子どもたち」と呼ばれていることを月は知りませんでした。

デクロワッサンの朝　＜フランス／モンサンミッシェル＞

ムーンライト・ソナタ　＜オーストリア／ザルツブルグ＞
ムーンライト・セレナーデ　＜ローマ／コロッセオ＞

第十七夜

岩戸《いわと》

昔、月が森と湖の広がる北欧の大地を旅していた時のこと。

月と太陽が白樺《しらかば》の林の上を歩いていると、美しい竪琴《たてごと》の調べが聞こえてきました。それは、この地方の英雄とされる老士が奏《かな》でているものでした。この老士は超自然的な力によって、宇宙や自然の出す音を、美しいメロディーに編曲することができたのです。

月と太陽が竪琴の調べにすっかり陶酔《とうすい》していると、冥界《めいかい》の魔女がそっと近づいてきました。魔女はすきをついて月と太陽をさらうと、冥界の岩窟《いわや》に閉じ込め、魔法をかけた岩でバタンとフタをしてしまいました。

月と太陽がいちどに消えてまっ暗闇になってしまったものですから、人々は困り果て、老士に相談しました。老士は自分の爪の先を剣の腹でサッとこすり、二つの小さな火花を発しました。そして、それを銅の籠《かご》におさめ、ひとりの巫女《みこ》に渡すと言いました。

「よいか、この籠をゆらし、二つの火の子が月と太陽になるまで大切に育てるのだ」

巫女は毎日籠をゆらし、火の子を大切に育てました。しかし二つの火の子は思いのほかやんちゃ者で、籠を飛び出しあちこちに火をつけて回ります。怒った老士は火の子をつかまえると、鍛冶屋《かじや》の炉《ろ》に放り込みました。鍛冶屋は老士に提案しました。

「この火を使って、銀《しろがね》と黄金《こがね》を鍛《きた》え、新しく月と太陽を作ってはどうだろう？」

老士もなるほどと思い、鍛冶屋に銀の珠《たま》と黄金の珠を作ってもらいました。そしてできあがった珠をモミの木の先につけました。しかし珠は二つともいっこうに輝き出す気配がありません。そこで老士は意を決し、冥界に行って月と太陽を救い出すことにしました。

老士が冥界にたどり着くと、何千という魔女の手下が次々と老士に襲いかかりました。しかし老士はその不思議な力で手下どもをなぎ倒すと、ついに月と太陽が閉じ込められた岩窟の前にやってきました。かすかに光の漏れている岩のフタに手をかけ、開けようとしましたが、どんな秘術を使ってもびくともしません。

「フフフ、ワタシの魔法を解くことは誰にも不可能さ」

闇の中で魔女の声が響きました。老士はしばらく考え、魔女にこう告げました。

「わしに不可能などない。フタを開けるのも、魔女をつかまえるのもたやすいことだ。しかしその前に、魔女を拷問《ごうもん》にかけるための道具を用意して、それからまた来るとしよう」

老士はいったん鍛冶屋のところへ戻ると、世にも恐ろしい拷問具を作らせました。そのようすをこっそりのぞき見ていた魔女は、すっかり青ざめてしまいました。そして、あわてて冥界に戻ると、岩窟のフタを開け、月と太陽を解放しました。

月と太陽は老士に礼を言って空へ帰り、世界はふたたび明るさをとりもどしました。

月冴える湖畔　<スウェーデン／ベストマンランド>

卵月（らんげつ）　＜スウェーデン／タイガの森＞

第十八夜

（馴鹿《トナカイ》）

昔、月がシベリアの空を旅していた時のこと。

ツンドラの上をひとりの娘がトナカイの群れを連れて歩いていました。月はその娘があまりにかわいくて気に入ってしまい、彼女をさらおうと考えました。

月の企《たくら》みに気づいた一頭のトナカイが、早く隠れるよう娘に告げました。娘はトナカイに言われるまま雪だまりに飛び込むと、頭から雪をかぶって身を隠しました。

月がソリに乗って地上に下りてきた時、すでに娘の姿はありませんでした。月はしばらく娘を探しましたが、やがてあきらめ、またソリで空へと帰っていきました。

娘は月がいなくなったことを確かめると雪から出て、トナカイといっしょに急いでテント小屋に戻りました。

「どうしましょう。月はきっとまたアタシを探しにくるわ。トナカイさん、アタシをなにかに変身させてちょうだい。なにがいい？　大きな石？　それとも斧《おの》？　木ぎれ？　毛皮？」

「そんなものではきっと見つかってしまいます。そうですねえ……」

娘とトナカイがそんな相談をしているころ、月はやはり娘のことをあきらめきれず、ふたたびソリに乗って地上を目指していました。そしてとうとう娘のテントを見つけると、中へ入ってきました。しかし、またもや娘の姿がありません。

「さてはなにかに変身したな」そう思った月は、大きな石や斧や木ぎれや毛皮などを調べましたが見つかりません。あきらめてテントを出ようとした時、ランプの火に変身していた娘は、マヌケな月に向かって思わず「お月さんのバーカ！」と言いました。

月はあわてて中へ戻り、あちこち探しますが、やはり娘は見つかりません。あきらめて外へ出ると、ふたたび娘の声がします。熱いのが苦手な月は、ランプの中までは探そうとしないのです。こんなことを繰り返すうち、月は疲れて倒れ込んでしまいました。これを見て娘はランプから出て、月を縄で縛り上げ、テントの外に放り出しました。

「おい、なにをする?!　こんな寒いところにいたら凍《こご》え死んでしまう。助けてくれ！」

「なにをわかんないこと言ってるの？　アンタ、いつも外にいるじゃないの」

さすがの月もこの娘にはかなわないと思い、こう言いました。

「私が悪かった。もう二度とおまえをさらっていくようなマネはしないから私を許してくれ。かわりに、これからは夜を昼のように照らし、おまえたちに月日の数え方を教えよう」

娘はよく考えてから月を許し、月はソリに乗ってそそくさと空へ帰っていきました。

その後、娘の部族では一年を、老トナカイ月、仔トナカイ月、水月、葉月、……と数えるようになり、この暦《こよみ》に従うと、毎年よいトナカイに恵まれたそうです。

銀夜(ぎんや)の野営　＜北極海／スピッツベルゲン島＞

第十九夜

手鞠《てまり》

昔、月が北極圏の空を旅していた時のこと。

月の少し前を歩いていたはずの太陽が、北極点のあたりでとつぜん、姿を消してしまいました。月はなにが起こったのだろうと不思議に思いました。

「そういえば、極点にひとりぼっちで住んでいて仕事もろくにせず、ひたすら手まりで遊んでいる奇妙な女神がいるというウワサを、北極星から聞いたことがあるなあ」

月がこうつぶやいて用心したのもつかの間、地上からスーッと手が伸びてきました。月はなす術《すべ》もなく、その女神の家へと引き入れられてしまいました。

女神の家には予想どおり、先につかまった太陽がいました。女神は彼らに言いました。

「わたくしはもうこれまでの手まりには飽きてしまいました。ですから、あなたたちを使って新しい手まりを作ることを思いついたのです。それはすばらしい手まりになるはずですから、ぜひ楽しみにしていてくださいな」

こう言うと女神は、セイウチの牙《きば》でできた針を取り出し、月と太陽を背中合わせに縫いつけました。そして、ふたたび天空に手を伸ばしたかと思うと、星々をサッとひとすくいして、手まりの中に詰め込みました。こうして片面が太陽、片面が月、中では星がキラキラと輝く、世にも美しい手まりが完成したのです。

さていっぽう人の世界では、月と太陽と星がいちどに姿を消してしまったため、あたりはまっ暗闇となり、人々は困り果てていました。みな、家から太鼓《たいこ》や鍋釜《なべかま》など音の出る道具を持ち出して打ち鳴らし、月と太陽に戻ってきてもらうよう祈りましたが、効果はありません。そこにひとりの冒険好きな青年が名のりを上げました。青年は犬ゾリで北極点を目指し、女神から月と太陽と星々をとりもどすと言うのです。

青年は暗闇の中を松明《たいまつ》をかざしながら、犬ゾリを走らせました。さまざまな苦労と困難を乗り越え、ようやく北極点にたどり着くと、そこには一軒の氷の家が建っていました。青年はナイフを握り、氷の家をいきおいよくたたきこわしました。

女神は、人間がやってくるとは思ってもみませんでしたので、大いに驚きました。そして青年の手にナイフが光っているのを見ると、あっさり降参しました。女神は美しい手まりをしぶしぶほどき、月と太陽と星々を天空高く投げ返しました。こうして世界はふたたび光をとりもどしたのです。

青年は女神から、彼女がこれまでずっと遊んでいた、呪力《じゅりょく》のいっぱい詰まった手まりの数々をもらうと、それを犬ゾリに乗せて持ち帰り、人々に魔除《まよ》けとして配りました。いまでもこの地方では、手まりを大切にする風習があるといいます。

白夜行路（はくやこうろ）　＜アラスカ／ベーリング海＞

第二十夜

（禁忌《タブー》）

昔、月がベーリング海のあたりを旅していた時のこと。

ある海辺の村を通りかかると、一軒の荒屋《あばらや》から夫婦の言い争う声が聞こえてきました。

「さっさとオレの舟の帆を繕《つくろ》うんだ。もうすぐクジラの群れがやってくる」と言う夫に、

「できません。息子が死んでからまだ半年。私たちは喪《も》に服さなければいけません。仕事をしてはならないことは、あなたもよくご存じのはずです」と妻はゆずりません。

しかし、この夫は世界一のガンコ者と呼んでいいほどの、言い出したら聞かない男です。

「そんなことは迷信だ。喪など気にしていたら、捕れるクジラも捕れやしねえ。オレはオレの思うとおりにする。オレの言いつけを聞かぬヤツは離縁だ！」

男がわめき出したので、妻はしかたなく海岸に出て、舟の帆の修繕にかかりました。

「タブーを犯すとは見過ごせぬな」このようすを上から見ていた月は、白クマに乗って男のところへ下りてきました。そして、白クマの鋭い爪で男の舟の帆を引き裂きました。

「なにをしやがる！」怒った男は手にした銛《もり》で白クマの心臓をひと突きにし、つづいて銛の切っ先を月に向けました。月はあわてて男に言いました。

「待て！　私が死んだら、潮の満ち干がなくなるぞ。動物たちも子どもを産まなくなるぞ」

しかし、月を殺そうといちど決めたガンコ者には、そんな言葉も効果はありません。

「待て待て！　私が死んだら、夜はまっ暗闇になってしまうぞ」月がさらにこう言うと、さすがのガンコ者も銛を下ろしました。男は暗いのが嫌いなのです。

「よし、おまえを殺すのをやめるかわりに、オレを月世界へ連れていけ」

月は男の持ちかけをしぶしぶ聞き入れると、心臓に海水をかけて白クマをよみがえらせ、男をまたがらせました。そして、「途中で大きな岩を見たら、日の照るほうは通らずに、必ず陰の暗い道を通るのだ。さもないとひどい目にあうぞ」と言い残して、先に空へと戻りました。

男を乗せた白クマが空に飛び上がり、しばらく進むと、そこには月が言ったとおりの大きな岩がありました。男は月の言ったタブーを覚えていましたが、やはりどうも暗い道は気が進みません。けっきょく自分の思ったとおり、日なたのほうを通ることにしました。すると、その先にはひとりの女がナイフを研《と》いで待っていました。そして男の姿を見つけるや、スーッと近づいてきて、ナイフで男の心臓をくり抜いてしまいました。

心臓をなくした男はフラフラと地上に戻ってきました。そして、白クマが心臓に海水をかけたらよみがえったことを思い出し、海の中に飛び込みました。しかし心臓のない者がよみがえるわけはありません。男は引き波に連れ去られ、シャチに喰われてしまいました。

凍れる月　<グリーンランド／氷河の断崖>

第二十一夜

（海豹《アザラシ》）

昔、月がアラスカ湾の上空を旅していた時のこと。

天上にある月の宿に、ひとりのイヌイットの男がひょっこり現れました。部屋でソファに寝転びくつろいでいた月は、男の姿を見て驚きました。

「こりゃとんだ珍客《ちんきゃく》だ。おまえは人間のようだが、いったいどうやってこの月世界に来られたのだ？」月は男にたずねました。

「ぜひ月へ行ってみたいと思って、夜の暗闇の中でお祈りをしていたんだ。そしたら俺を守護してくれているという精霊《せいれい》が現れて、俺を抱きかかえて空に飛び上がり、気がついたら目の前にこの宿が見えたというわけさ」

「なるほど、それは運がよかった。まあ、せっかく来たのだから、しばらくブラブラしていくがいい」月はこう言うと、またソファに寝転びました。

男は礼を言い、月の部屋をぐるりと見渡しました。壁も床も家具も、すべてがなめした白い鹿の毛皮ばかりで、部屋全体が青白い光を放っています。そのうち男は、奥の部屋につながっているらしいドアに気づき、そのドアを半分ほど開いてそっと中をのぞいてみました。

部屋の中には太陽がいて、なにやら火を焚《た》いていました。見知らぬ男の姿に気づいた太陽は、あわてて火のいきおいを強め、その炎の後ろにサッと身を隠してしまいました。男はまぶしさに思わずドアを閉めました。そして、「もしかしたら月と太陽は夫婦かもしれないな」と思いました。

男は部屋を出て、宿の周辺の月世界を散歩しているうち、大きな野原に出ました。野原のまん中には大きな池があり、たくさんのアザラシが泳いでいました。男がアザラシたちの泳ぐようすをしばし眺めていると、背後から月の声がしました。

「ここへ来たお土産《みやげ》に、おまえにアザラシを一頭あげよう。どれでも好きなのを選ぶがいい」

男は喜んで、いちばん元気そうなアザラシを選び、月に示しました。

「ほう、なかなかいいのを選んだな」

月は男が選んだアザラシに手を伸ばしました。そしてアザラシに触れたその瞬間、男の足下にはポッカリと穴が開き、男は彼の選んだアザラシもろとも下界に落っこちていきました。

こうしてイヌイットは、アザラシを手に入れることができるようになったのです。

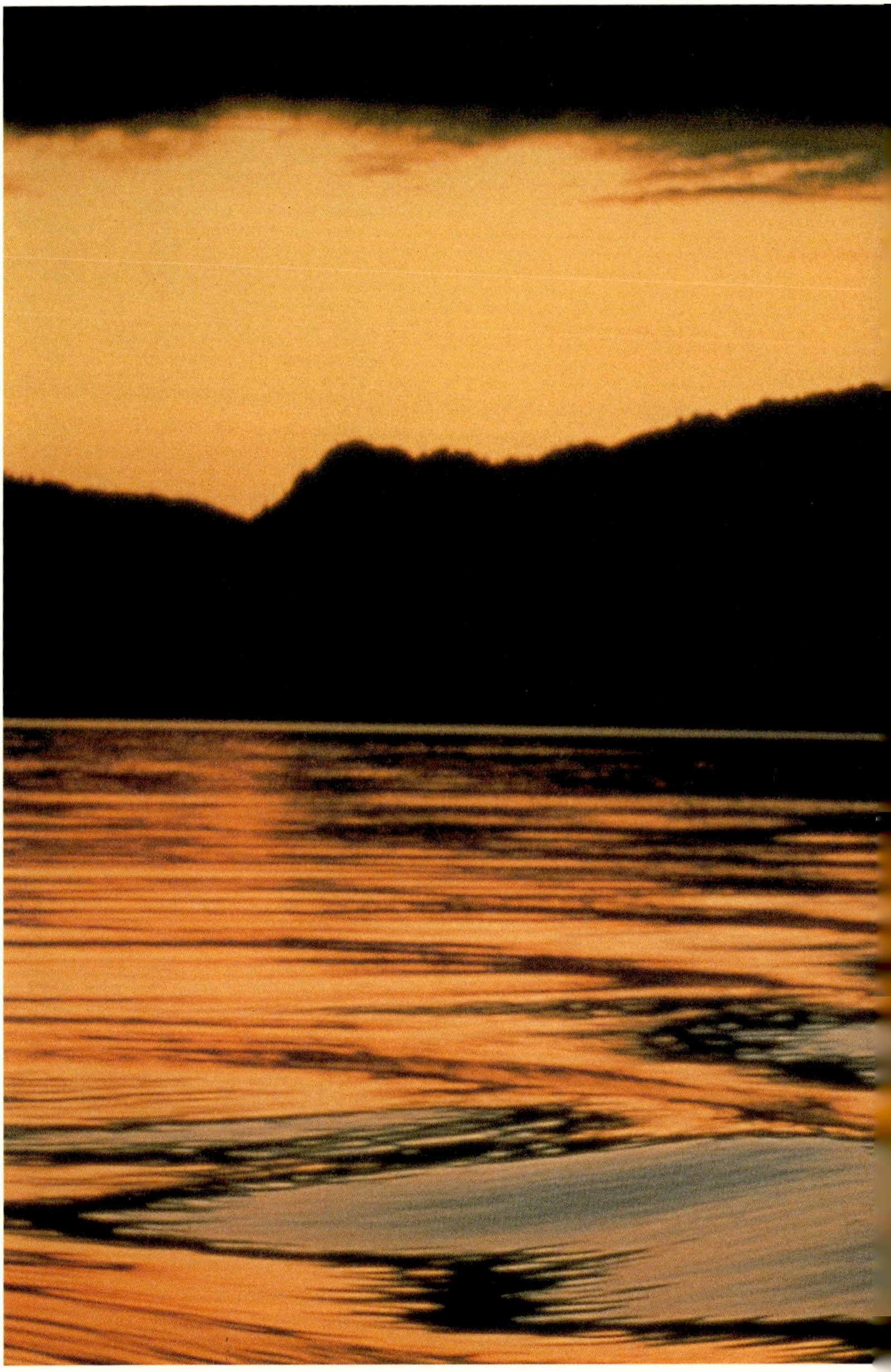

夕凪月(ゆうなぎづき)　＜アラスカ＞

第二十二夜

狩人《かりうど》

昔、月がカナダの東のはしの空を旅していた時のこと。

満月の明るい光を白銀《はくぎん》の大地に投げかけながら歩いていると、木の皮で屋根を葺《ふ》いた円《まる》い小屋から、ひとりの年老いた狩人が這《は》うように出てきました。老狩人は雪の上にひざまずいて空を見上げ、そこに月の丸い姿を見つけると、こう語りかけました。

「お月さま、ワシのことを覚えておいでですか？　ワシは若いころは腕のいい狩人でした。毎日のように荒野にカリブー（トナカイ）やムース（ヘラジカ）を追っては、たくさんの獲物を捕《つか》まえました。捕まえた獲物はいつもあなたさまにも捧《ささ》げておりました」

月は以前この地を訪れた時に、施《ほどこ》しをしてくれた若い狩人のことを思い出しました。

老狩人はつづけました。

「いまはもう年老いて、狩りに出ることもできません。冬になって小屋の中の食糧も尽きました。飢えをしのぐためにかんでいたモカシン（鹿革の靴）も、ほれ、このとおりです」

見れば、老狩人の足には、かつて靴だったとは思えない皮の切れはしがへばりついています。月はこのモカシンを見て、老狩人がウソを言っているわけではないことがわかりました。

「このままではワシと女房《にょうぼう》が飢え死にするのも時間の問題です。どうかワシらを助けてください。ワシらに食べ物を恵んでください」

「あなた、こんな夜中の寒空《さむぞら》に、いったい誰と話しているの？」

小屋からは狩人の女房らしき老婆《ろうば》も這い出てきました。

「お月さまにお願いしてたんだ」

「まあ、そうでしたの。お月さまなら、きっと私たちの願いを聞いてくださるわね」

老夫婦はしばらくのあいだじっと月を見つめ、そしてまた手をつないで小屋へ入っていきました。

明くる朝、女房が目を覚まして小屋の扉を開けると、すぐ目の前の雪だまりを、弱りきった一頭のムースがフラフラと歩いているではありませんか。女房は急いで老狩人を起こしました。

「あなた、あなた！　お月さまがムースを届けてくだすったわよ！」

老狩人は起き上がり、弓と矢を手にして外へ這って出ました。そして雪だまりを歩くムースに向けて矢を放つと、見事にムースの心臓を射抜きました。

月はいつでも願いごとを叶《かな》えてくれるわけではありません。ただ、ほんとうに月を信じ、月を頼りにするものには、少しは力になってやりたいと、つねに思っているのです。

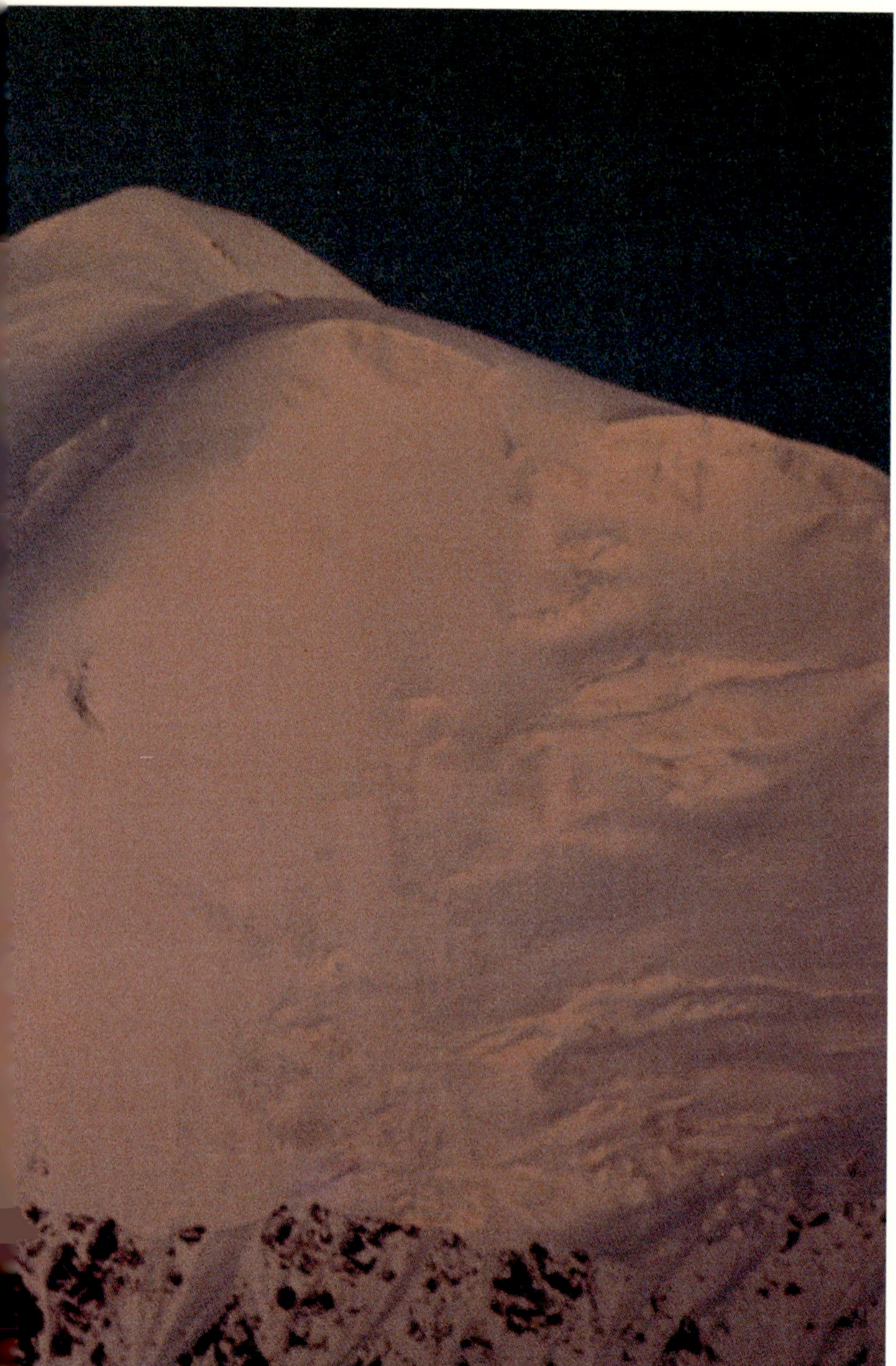

月待ち　<アラスカ>

第二十三夜

孤児《みなしご》 [前編]

昔、月が北米大陸の北部に広がる針葉樹《しんようじゅ》の森の上を旅していた時のこと。

ふと下界を見やると、ボロボロの服を着て、からだに似合わない大きな雪靴を履《は》いたひとりの男の子が、モミの木の枝にロープをかけていまにも首を吊《つ》ろうとしています。月はあわてて下りてきて、男の子を木から下ろすと、そのわけをたずねました。

男の子はそれまでこらえていた涙をポロポロとこぼしながら、話しはじめました。

男の子はみなしごでした。幼い時に森の中に捨てられていたのを、森に住む老女に拾われ、育てられたのでした。数年後、老女が亡くなると、男の子は老女の形見《かたみ》の雪靴を持って森を出て、村へ移り住みました。しかし村人たちは、男の子のみすぼらしい服や不恰好《ぶかっこう》に大きな雪靴を見て、「森の大足野郎《おおあしやろう》」と呼んでは、いつもいじめてばかりいました。

おりしも今年、村は深刻な食糧不足に見舞われました。獲物がまるで捕れなくなったのです。そこで男の子は夜ごとこっそりと、村人たちの家の前に小さな獲物を置いて回りました。男の子は森で育ったため、獲物を捕る術に長《た》けていたのです。村人たちはこの不思議な施《ほどこ》しで飢えをしのいでいましたが、ある日ついに、これが男の子によるものとわかりました。ところが、村人たちは礼を言うどころか、逆

に男の子を脅《おど》し、

「そんなに獲物を捕るのが上手なんだったら、どうしてもっと捕ってこないのだ。さっさと森へ行って、もっとたくさん獲物を捕ってこい、この大足野郎！」と迫ったのでした。

それで男の子はたまらなく悲しくなり、モミの木にロープをかけたというわけです。

月は話を聞き終えると、男の子の手を引き、月世界へ連れて帰りました。

それから一ヵ月後、ひょっこりと男の子が村に姿を現しました。村人たちは驚き、

「大足野郎、いままでいったいどこへ行ってたんだ」とたずねました。

「月世界へ移住したのです。月を見れば、あなたたちにも僕の影が見えるはずです。僕はそこで、あなたたちが獲物をうまく捕まえられるよう取り計らっています」

村人たちはあざ笑うように言いました。

「こいつ、頭がおかしくなったらしい。月世界へなど行けるわけないじゃないか。まあいいや、せっかくのお言葉だ。せいぜいたくさん捕れるようにしてくれよ、大足野郎」

すると男の子は急におごそかな口調になって、

「おまえたちはなんと恩知らずで欲張りなのだ。おまえたちには夏のあいだだけしか獲物は与えないことにする。長い長い冬のあいだは、ウサギ一匹捕れないと思っておけ！」

そう言い放つと空へと飛び上がり、月に姿を変えました。

この地方の冬が長く雪に閉ざされ、獲物が捕れなくなったのは、この時からです。

月香浴(げっこうよく)　＜カナダ／樹上のハクトウワシ＞

月と遊ぶ　<USA／ロッキーのビッグホーン>

第二十三夜

孤児《みなしご》［後編］

月が引きつづき北米大陸を南進し、赤茶けた広大な台地の上空を歩いていた時のこと。

夕闇の迫った崖の上に、いままさに身を投じようとする少年の姿が目に入りました。月はあわてて
かけ寄ってその身を引き止めると、少年にわけをたずねました。

月が聞いたところ、少年の部族は大地の下から地上に出てきた部族だそうです。少年は地底で両親と別れ、祖父母に手を引かれてこの地上に来たのだそうです。しかし、ほどなく祖母が病気で亡くなり、その数日後にはショックのためか、祖父もポックリとあの世へ行ってしまいました。地上に身寄りがなく、また地上で生きていくための術も持たぬ少年は心寂しくなって、せめて地底の家族に会えればと思い、谷底に身を投じようとしたのです。

月は少年の話を聞くと、こう言いました。

「私はこの地上を空から見て歩いている者だが、地上にはおまえが考えているよりもすばらしいことがたくさんある。私がおまえの父親がわりになってやろう。そして、少しばかりの力も授けてやるから、もう少し地上にとどまってがんばってみるがいい」

少年は月の言葉にうなずくと、部族の野営地へと戻っていきました。

それから夜ごと、少年は空を見上げてはそこに月の姿を見つけました。そしてそのたびに、心とからだの中になにか不思議な力がみなぎってくるような気がしたのです。

やがて少年は狩りの腕も上達し、立派な若者に成長しました。そしてひとりの美しい娘が彼を見初《みそ》め、二人は愛し合うようになり、しばらくして結婚しました。

「これが月の言っていた〝すばらしいこと〟のひとつかもしれない」

若者はそう思いました。

そんなある時、彼の部族と他の部族との間で激しい戦争がはじまりました。部族の男たちはみな戦場に出かけていきましたが、この若者だけは家に残り、妻とこれまでどおりの愛に満ちたささやかな生活をつづけていました。このようすを知った部族の酋長《しゅうちょう》は、若者を呼び出して問いただしました。

「おまえはなぜ戦わないのだ?!　おまえはほんとうに臆病者《おくびょうもの》だな」

「僕は臆病者ではありません。ほんとうの勇気とほんとうの力があるから、僕は戦争に行かないのです」

若者は臆することなく答えました。

「それは通じぬ話だ。勇気と力のあるものは戦わねばならん。そうまでホラを吹くならば、実際に戦って証明して見せよ！」

酋長の言葉に、これ以上説明してもムダだと思った若者は、しかたなくトマホーク（まさかり）をつかむと戦場へ向かいました。

ロスト・フロンティア　＜USA／モニュメントバレー＞

第二十三夜

若者が戦場に現れると、敵はいっせいに矢を放ちました。何十本という矢が若者のからだに突き刺さりましたが、若者は平然としています。そしてトマホークを振り回しながら敵陣に飛び込み、多くの敵を殺しました。敵の部族はこの神がかりな若者に恐れをなし、散り散りに退散していきました。

家に戻った若者はからだに刺さった矢を抜くと、出血のため少しだけ気分が悪くなりましたが、月を見ているうちにそれもすっかり回復しました。酋長はじめ部族の人々はみな、彼の勇気と力を誉めたたえ、英雄として心から尊ぶようになりました。

しかしそんなある日、若者は酋長にとつぜんこう告げました。

「僕は人を殺しすぎました。これからは養父のところへ行って、そこから、この地上がもっとすばらしい場所となるように祈ることにします」

そして若者は妻を抱き寄せると、空の月に向かって飛び立っていきました。

月の剣

ムーン・リバーの流れる街　＜ニューヨークの夜景＞

第二十四夜

（蝦蟇《ヒキガエル》）

昔、月がアメリカ中央部の大平原の空を旅していた時のこと。

ずっとひとりぼっちで歩いてきた月は、いっしょに旅をしてくれるパートナーがほしいと考えるようになりました。太陽も同じようなことを考えていて、ともに毎日地上を見下ろし、よい相手はいないかと、行き交う動物や人間を眺めていました。

いっぽう、人間界でも娘たちは、夜になると自分の夫にしたい星を選んでは、その星との恋の成就《じょうじゅ》を願うのが習わしでした。

ある日、意を決した月と太陽はいよいよ地上へ下り、天空に連れていくパートナーを本格的に探すことにしました。月の好みのタイプは人間の女性でした。

「人間の女は美しい。いつもやさしい目で私のことを見つめてくれる」

「私は人間の女は嫌いだ。いつも私をまぶしそうにしかめっ面《つら》で見る」

そう言う太陽の好みのタイプは、大きな目をした水の中の生物でした。

地上へ下りた月は西へ、太陽は東へと向かって歩きはじめました。

月が川に沿って歩いて六日目、可憐《かれん》な草花の咲く野で薪《まき》を拾うひとりの娘を見つけました。美しい娘にひとめぼれした月は、ヤマアラシに変身して娘の目の前をかけ抜けると、近くの木に登りました。ヤマアラシの針は女にとってはとても貴重な刺繍《ししゅう》の道具です。娘はなんとかあの立派な針を取ろうと、ヤマアラシを追いかけて木に登りました。そして、ようやく木の上に着いた娘が見たのは、若くたくましい青年の姿でした。

「お嬢さん、私は月です。どうか私といっしょに天に上り、パートナーとなってください」

月の言葉を聞いた娘の気持ちは、すでに天に上ったようなものでした。娘にとっては、月こそが毎夜恋していた星だったのです。二人は手を握り合って天空へ上っていきました。

天空にはすでに太陽がパートナーを連れ帰っていました。それはヒキガエルでした。人間の娘はよく働き、料理もうまく、作法《さほう》もきちんとしていたので、月からも太陽からも大事にされました。しかしヒキガエルは料理もできず、下品でぐうたらでした。そのうち太陽からも愛想を尽かされ、月もこのカエルをからかうようになりました。

それからしばらくして、人間の娘がとつぜん子どもを産みました。月はこの赤ん坊をたいへんかわいがりましたが、いっぽうで、ことが急すぎて心の準備ができなかったので、こんごは妊娠《にんしん》から十ヵ月後を出産の時とするよう娘に言いました。

これ以降、ヒキガエルの立場はますます悪くなりました。そしてある日、日ごろから苦々《にがにが》しく思っていた月の顔にピョンと貼りつき、離れなくなってしまいました。

こうしていまも月がこの地方を旅する時は、その顔にヒキガエルの姿があるのです。

白砂蒼月(はくさそうげつ)　＜USA／ホワイトサンズ＞

第二十五夜

貘男《バクおとこ》

昔、月がアマゾン奥地の空を旅していた時のこと。

このあたりの熱帯雨林が、生物を育《はぐく》むのにたいへんよい環境であると考えた月は、いとこの明けの明星《みょうじょう》をともなって森の中に下りてきました。そして彼女にも手伝ってもらいながら、さまざまな植物と動物を森に放ち、生態系づくりにいそしんでいました。

ところがそんなおり、無垢《むく》な乙女である明けの明星をひとりのバク男が見初《みそ》めました。バク男は夜明けごろになるといつも夢の国から出てきては、こっそりと明けの明星のところを訪れ、その長いペニスを伸ばして求愛しました。純真な明けの明星は、だんだんとバク男の熱心さに心ひかれていきましたが、ある日、月がいとこのようすがどうもおかしいことに気づきました。そして、

「私のいとこをたぶらかしているヤツは誰だ！」とどなると、森に住む動物たちをかたっぱしから問い詰めました。この時、月がカメを地面に強くたたきつけたので、カメはゆっくりしか歩けなくなりました。月がホエザルの首をしめ上げたので、ホエザルの首は長く伸びてしまいました。月がアリクイの舌を引っこ抜こうとしたので、アリクイの舌は糸のように細く長くなりました。ヤマアラシは二度と寝転がれないように、背中に針の山をつけられました。しかしけっきょく、月は明けの明星をたぶらか

した犯人を見つけることができませんでした。バク男は月がやってくるまでにさっさと夢の国へ隠れていたのです。

怒った月は地上での創造をやめてしまい、明けの明星を連れて空へ帰っていきました。

気がおさまらないのはバク男です。明けの明星への求愛のため、長々と伸ばしていたペニスのあつかいに困ったバク男は、人間たちが住む村を夜な夜な訪れては、眠っている娘たちを犯してまわりました。

そしてある夜、娘を犯された父親が夜どおし見張っているとは知らず、長大なペニスを持ったバク男が姿を現しました。父親はバク男の前に立ちふさがり、持っていた鉈《なた》でバク男のペニスを切り落としました。切り落とされたペニスは大蛇《だいじゃ》の姿になって森の中へと消えていきました。

いっぽう、空へ戻った月は、生物を創造するための新たな方法を思いつきました。毎月いちど、女性たちが眠っているあいだにその胎内《たいない》に宿り、月みずからの血を残して帰ることで、生物を生み育もうというものです。

女性たちは、月が自分の胎内に宿っていることを、月とのエロティックな夢を見ることで知るのです。しかし、月に恨みを抱いているバク男が、しばしば目覚める前にこの夢を食べてしまうため、その甘美《かんび》さを忘れてしまうことも多いようです。

月を観るもの　<インカ帝国の遺跡>

第二十六夜

（裸舞《ストリップ》）

昔、月が南米大陸の密林を旅していた時のこと。

月が川でアロワナ釣りを楽しんでいると、ひとりの男が川岸にたたずんで、いまにも身を投げかねないような深刻な表情で川面《かわも》を見つめていました。見ると、男の顔はあわれなぐらい醜く、そのからだは毛深く、体臭もたいへんきついものでした。

「いったいなにを悩んでいるのだ？」月がたずねると、男はポツポツと話しはじめました。

「オラ、見てのとおりの醜男《ぶおとこ》で、親の縁で結婚はしたものの妻には指一本触れてもらえず、あれこれこき使われるばかり。部族のみんなも妻がほかの男とデキていることを知ってて、オラ、毎日バカにされる。オラなんか、もういっそ死んだほうがいいんだ」

「なるほど。しかし夫婦の契《ちぎり》を結んだのなら、多少強引にでも妻と交わってみてはどうだね。交わることでおまえの愛が伝わることもあるのではないか？」月は言いました。

「それがダメなんだ。オラのペニスは勃起《ぼっき》しないんだ」男はうつむきながら言いました。

月はしばらく考えたのち、男の言葉を確かめるために美しい女の姿に変身しました。そして衣服を脱ぎ捨て、男を誘惑《ゆうわく》するように腰を激しく振ってダンスを踊りました。青白い光につつまれて繰り広げられるその舞いは、おそらく女性さえもその気にさせるほど官能的《かんのうてき》なものでした。ところがそれを見ても、男のペニスは相変わらずうなだれたままです。

男の言葉に偽りのないことを確認すると、月はもとの姿に戻って、月の精の入った盃《さかずき》をさし出しました。男がその盃を一気に飲み干すと、たちまちとてもたくましい美男子に姿を変え、そのペニスも天を向いて立派に屹立《きつりつ》しました。月は男に言いました。

「村へ帰ったら、前の妻とは別れなさい。そしてべつの美しい妻をめとるのだ」

男が美男子になって戻ると、前の妻は追いすがって復縁を請《こ》いましたが、男はこの悪妻を捨て、部族一の美女を妻に選びました。そして二人は幸せに暮らしました。

ところで、男の前妻にはこれまた評判のよくない弟がいました。弟はどこからか月の盃の話を聞きつけると、自分も美男子になっていまの妻と別れ、もっと美人と結婚しようと企《たくら》みました。そしてさっそく川岸に行き、月を待っていました。

「いったいなにを悩んでいるのだ？」しばらくすると月が現れ、弟にたずねました。弟はかくかくしかじかと、義兄《ぎけい》のマネをして答えました。月は男の言葉を確かめるため、同じように美しい女の姿となってセクシーなダンスを踊りはじめました。すると弟はたちまちペニスを勃起させ、欲望をガマンできずに女を犯そうとしました。月は怒りました。そして、弟を醜男に変え、そのペニスをチョン切ってしまいました。

弟はスゴスゴと戻りましたが、妻からは離縁されたとのことです。

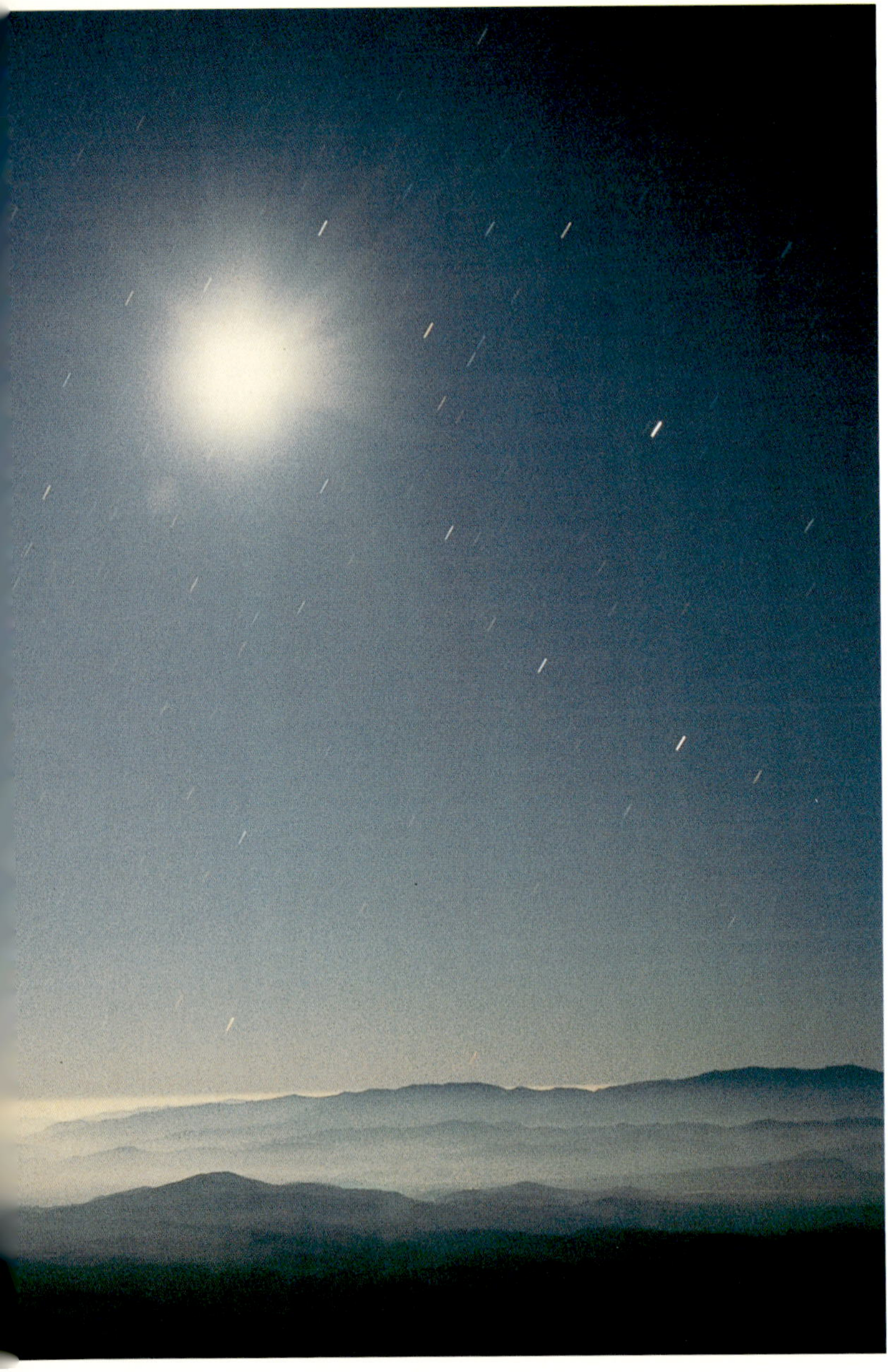

雲の海、月の霜　<チリ>

第二十七夜

（榕樹《バニヤン》）

昔、月がポリネシアの空を旅していた時のこと。

夜風に乗りながら、ある美しい火山島の上空を散歩していると、溶岩でできた黒い台地をフラフラと千鳥足《ちどりあし》で歩く男の姿が目に入りました。どうやらカバ酒を飲みすぎて、すっかり酔っぱらってしまっているようです。おりしも雲がかかり、月の光をさえぎったため、男の足元はよけいにおぼつかなくなりました。岩の割れ目になんどもつまずいたり、岩肌で足を何ヵ所も切ったりしています。

「クソーッ、いまいましい月め。もっとちゃんと照らさんか！」

男はブツブツ言いながらも、ようやくわが家にたどり着きました。

家では男の妻が一生懸命にタパを作りながら、夫の帰りを待っていました。タパとはバニヤンの木の樹皮を木槌《きづち》でなんどもたたきながら、なめして作る布のことです。すっかり酔いがまわっている夫は、妻がタパを作るためにたたく木槌の音が、噴火の時の地鳴りのようにうるさく聞こえてガマンがなりません。

「おい、そのうるさい音、やめないか！」夫がどなりました。

「でもあなた、今晩じゅうにこの布を仕上げて、明日の朝には地主におさめなくてはならないんですよ」そう妻は答えますが、夫は聞く耳を持ちません。

　タパたたきをやめない妻に、ついに夫はキレてしまい、妻の持っていた木槌を奪い取ると妻の頭を殴りました。そして、打ちどころの悪かった妻はあわれにも死んでしまいました。

　このようすを見ていた月は、あわてて下界へ下りてきました。そして妻の魂をその口から抜き取ると、それを持って空へとまた戻りました。

　働き者で美しかった妻の魂は、月世界で女神になりました。そして月世界に生えているバニヤンの木でいまでもタパを作りながら、かいがいしく働く島の女性たちの仕事を見守っています。月がこの地方の空を通る時には、そこにタパをたたく女神の姿を見ることができます。そして、しばしば夜空をとどろかす雷鳴《らいめい》は、彼女がタパをたたく木槌の音です。心にやましいことを隠している男性は、この女神の木槌の音を聞くとひどく頭が痛みます。

　このあたりの島々を旅する人は、巨大なバニヤンの木を見かけることがあるといいます。それは、女神が月世界からうっかり落としてしまったバニヤンの枝が、地上で根を張って生長したものだそうです。

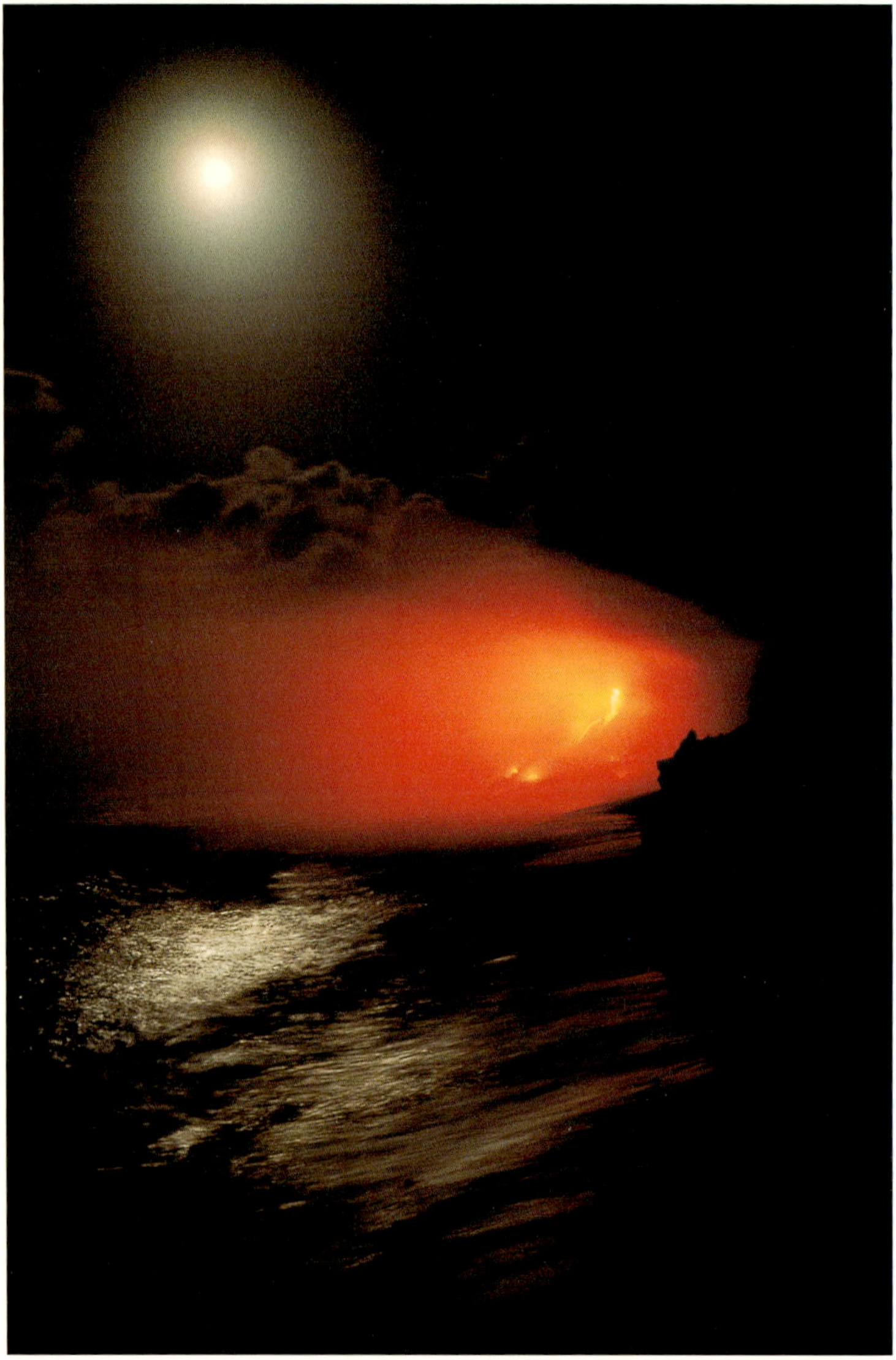

原初の夜　<ハワイ島の溶岩流>

椰子の葉月（ヤシのはづき）　＜ハワイ＞

第二十八夜

欠盈《けつえい》〔前編〕

昔、月が南太平洋の上を旅していた時のこと。

メラネシアの赤道直下のとある島で、新月の月がバナナの葉っぱをハンモックにして眠っていると、ひとりの女がそーっと近づいてきて、月をさらっていきました。

女は自分の家に帰ると、月を壺《つぼ》の中に入れ、カギのついたフタで密封《みっぷう》して床下の穴に隠しました。月はあまりにぐっすりと眠っていたので、さらわれたことにも気づかず、目が覚めた時にはすでにまっ暗な壺の中でした。女はずっと前から月を観察していて、新月の時は月がまぶしくなく、さらいやすいことを知っていたのです。そして、壺の中で月が大きくなるのを待ち、満月になったら食べようと考えていたのです。女は夜ごとこっそり床下から壺を取り出しては、少しだけフタを開けて月の成長ぐあいを確認し、満月になる日を楽しみにしていました。

しかし、女の家から妖《あや》しい青白い光が漏れるのを、近所の悪ガキたちが不思議に思っていました。そして悪ガキたちはある日、女が家を留守にしたすきにこっそり忍び込むと、床下に壺を見つけました。そして、壺のフタを開けると、すでに満月に近づいたまぶしい月が中から顔を出しました。月はなんとか脱出しようとしましたが、すっかり大きくなっていたため、壺の口から出られません。

「ウワーッ、こんなうまそうなもの見たことないぞ！」悪ガキたちは大喜びです。女が戻らないうちに壺ごと月を持ち出すと、自分たちだけの秘密の洞窟《どうくつ》へ運び込みました。

「さあ、早く食っちまおうぜ」と口々に言うほかの少年たちを、リーダー格の少年が制しました。

「まあ、待て。よく見てみろよ、こいつだんだん大きくなっていってるぜ。あの女がまだこれを食べずに隠してたのは、きっと熟してなかったからだ。もう一週間もしてみろ、俺たち、もっと大きくてうまくなったのを食えるぞ」

リーダーの考えにみな賛成しました。そして壺にふたたびフタをすると、月を置いたまま洞窟を出ました。

それから一週間後、いよいよ悪ガキたちは月を食べようと洞窟に戻ってきました。そして壺のフタを開けた瞬間、月が壺から飛び出しました。すでに満月を過ぎ、ふたたび痩せはじめた月は、壺から出られるようになっていたのです。逃すまいと必死に追いすがる悪ガキたちの指を月はなんとかかいくぐり、大急ぎで空をかけ上りました。

ようやく空の高いところにたどり着き、ほっとした表情の月の顔には、悪ガキたちの手の指のあとがかすかに黒くついていたそうです。

蜜月旅行（ハネムーン）　＜ハワイ／ワイキキビーチ＞

第二十八夜

欠《けっ》盈《えい》【後編】

一難去って、また一難。悪ガキたちの手を逃れ、オセアニアの島々をめぐるうちにふたたび太りはじめた月は、新たな食いしん坊の餌食《えじき》となります。

日付変更線のすぐ近くのとある島に、とんでもなく大食漢《たいしょくかん》の少年がいました。家の食事だけではとても満足できず、島をあちこち歩きまわっては果物やタロイモを取って食べていました。そのうち島じゅうの食べ物をぜんぶ食べてしまったので、島の人々は怒って彼を舟に乗せ、海に流してしまいました。

海に出た少年は、こんどは自分で魚を捕って食べはじめました。そして島の近くの魚をほとんど食べ尽くしてしまうと、遠い外洋に出て、大きなカジキやマグロ、またクジラまでもひとりで捕って食べてしまいました。いよいよ海の魚まで減ってきたので、こんどはサメが怒り出しました。

「小僧、いいかげんにしやがれ！　おまえのせいで俺の食べる魚もねえじゃないか」

「だって、食べても食べてもお腹がすくんだもん！」

サメと少年が言い合っているところへ、運悪く通りかかったのが、こともあろうに満月になっていた月です。サメはこれ幸いと、少年に言いました。

「おい小僧、あれを見ろ。あの月ならいくら食っても食いきれんぞ」

「なるほど、たしかにあれならお腹がふくれそうだ」そう少年も思いました。

「それなら話が早い。おまえのようにいつも空腹なヤツは空を食べてるのがお似合いだぜ」

言うやいなや、サメは尾ビレをひと振り、少年を空へと放り上げました。

空へ飛ばされた少年は丸い月につかまると、さっそく月にかじりつきました。

「いててっ！　なんだなんだ?!　またえらいことになってきたぞ」月はわめきました。そして少年を振り払おうとしますが、少年は腕力《わんりょく》が強くて落ちません。

少年は月にしがみついたまま、毎夜、月を食べつづけました。少年が食べれば食べるほど、月はどんどん細くなっていき、いっぽう、少年のからだはどんどん太っていきます。やがて月が糸のように細く消えそうになったころには、少年は朝日のように太っていました。そして、ついには自分の体重を支えることもできなくなり、月から手を放して、海の中へ落ちてしまいました。

その後、少年がどうなったかはわかりませんが、いまでもときどき魚が捕れなくなる時期や、月が痩せる時期があるところをみると、まだどこかで生きているのかもしれません。

月影のラグーン　＜ポリネシア／クック諸島＞

眉月暮色（まゆづきぼしょく）

第二十九夜

〈梟男《フクロウおとこ》〉

昔、月がオーストラリア大陸の赤い大地の上を旅していた時のこと。

ひとりの偏屈者《へんくつもの》のフクロウ男が、人里離れた荒野で暮らしていました。彼はカンガルーの骨でブーメランを作ったり、火喰い鳥の骨の針で縫《ぬ》ったカンガルーの毛皮の美しい敷物《しきもの》を作ったりしていました。

そして自分が作ったブーメランや敷物をズラリとならべては、

「まあ、オイラ以上の名人はほかにいないな」と、悦に入ってつぶやくのでした。

そんなフクロウ男のようすを見ていた月は、ある日地上に下りてくると、フクロウ男の前に姿を現し、こう言いました。

「ほう、こりゃまた立派な敷物だな。どうだ、これをひとつ貸してくれないか?」

フクロウ男は出し抜けの月の頼みに驚き、

「アンタ、だれ?! オイラの大事な敷物を貸すなんて、やだね!」と愛想なく答えました。

「貸すのがいやなら、いっそ、くれよ」負けずに月は言いました。

「バカ言うな、やるわけないだろ!」

月はこんどはブーメランを指して言いました。

「なら、あのブーメランはどうだ？　たくさんあるんだから、ひとつぐらい、いいだろう？」

フクロウ男はうんざりしたように首を振りました。

「ダメダメ。オイラがコツコツと作ったものだ。他人になんかやらないよ！」

月はなおもしつこく、イヤミを込めて言いました。

「ああ、今夜は冷えそうだ。誰か敷物を貸してくれるとありがたいんだけど……」

「オイラは忙しいんだ！　いいかげんにしろ！」フクロウ男はどなりました。

月はもうなにも言わずにフクロウ男のところを立ち去りました。そして古木を何本か伐り倒すと、木々を抱えて空へ戻りました。それからその木を組んで丸太小屋をこしらえ、できあがると中に入ってゴロンと横になりました。

それから間もなく、モクモクと黒い雲が湧《わ》きはじめ、空をすっかり覆《おお》ってしまいました。そしてついに天のバケツの底が抜けると、すさまじい豪雨が降り出しました。雨はいきおいをゆるめることなく何日も降りつづけ、やがて低地はもちろんのこと、砂漠も、高い山さえも水の下に沈めてしまいました。あの強情なフクロウ男も藻屑《もくず》のように水面に浮かび、雨はなおもその死体を容赦《ようしゃ》なくたたいています。月はそのようすを空の丸太小屋から満足そうに眺めました。フクロウ男が大切にしていたブーメランや敷物はどこにも見あたりません。おそらくは遠く離れたところを漂っているか、泥流《でいりゅう》の底に沈んでしまったのでしょう。しかしそれもいまとなっては、月にはどうでもよいことでした。

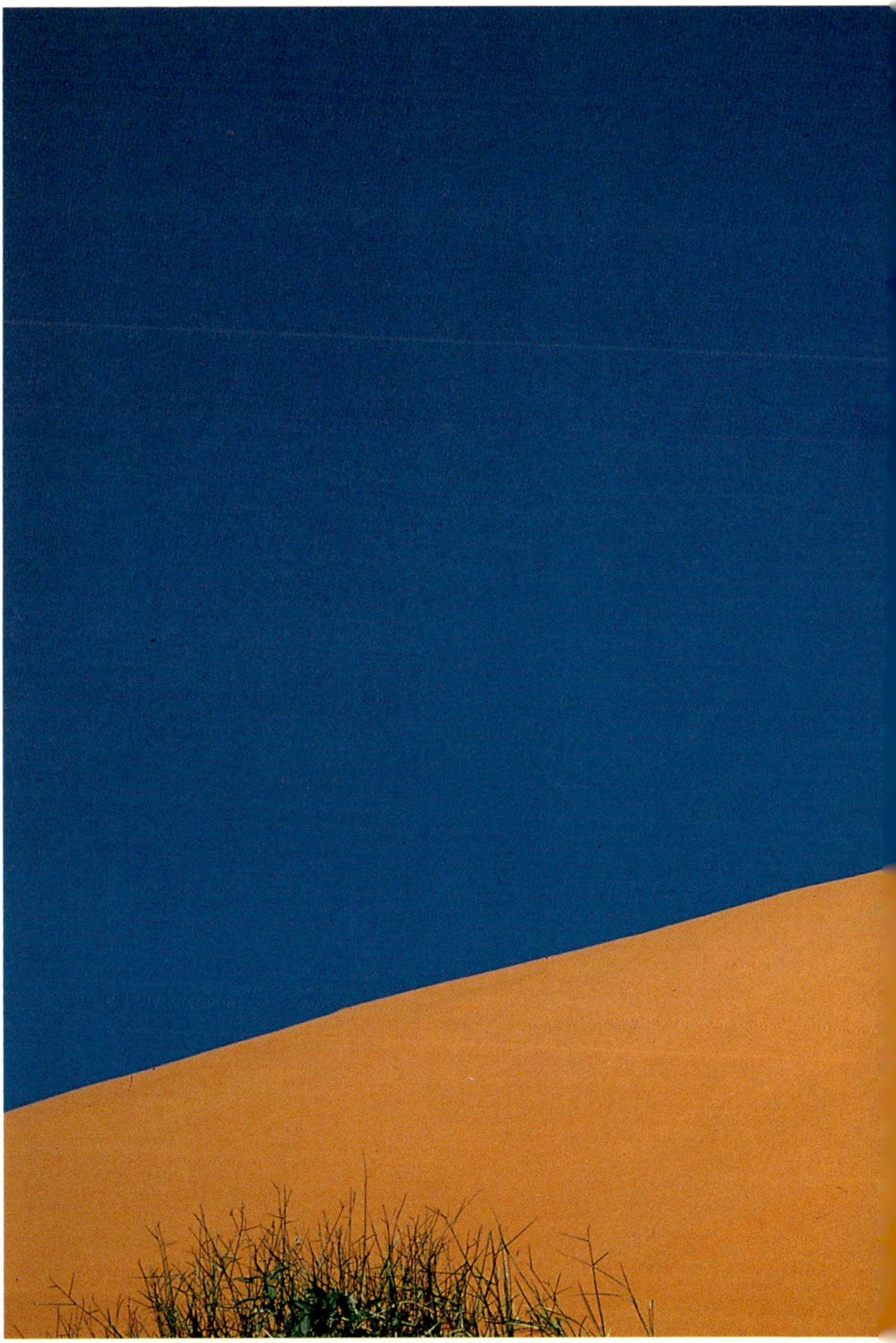

第三惑星の風景　＜オーストラリア／グレートサンディー砂漠＞

第三十夜

蜂蜜《はちみつ》

昔、月がオーストラリア東部、クインズランドの空を旅していた時のこと。

月は急に、どうしても蜂蜜が食べたくなり、地上に下りてきました。蜂の巣をさがして林の中を歩いていると、二人の男に出会いました。二人は兄弟でした。彼らは自分たちを「村いちばんの蜂蜜採りの名人だ」と言うので、月は彼らといっしょに蜂蜜を探すことにしました。

しばらく歩くと、大木の洞《うろ》の中に見事な蜂の巣を見つけました。

「これはスゴイな！　よし、俺が取り出すとしよう」こう言うと、兄が洞の中に腕をさし入れました。そして巣をつかみ、引き出そうとすると、どういうわけか腕が抜けなくなってしまいました。弟と月が力を合わせて兄の腕を引っぱりますが、やはり抜けません。兄がもがくうち、やがて蜂たちが戻ってきて、その腕に襲《おそ》いかかりました。

「うわーっ、助けてくれぇ！」兄は叫びました。

「どうしよう。とりあえず村へ帰って助けを呼んでこなきゃ」

弟はその場に兄と月を残すと村へかけ戻りました。弟は必死になって村人たちに助けを請いますが、村人たちはみんな自分たちの仕事に忙しく、耳を傾けてはくれません。

いっぽう、林に残った月は「自分がなんとかしないと……」と思い、一生懸命に兄の腕を引っぱりますが、やはりダメです。蜂の群れは月にも襲いかかってきます。そのうち一匹が月の鼻の穴に入り込んできました。月はたまらず、とてつもなく大きなクシャミをしました。すると、その拍子《ひょうし》に、スッポン！　兄の腕が抜けたのです。

兄弟は家に帰ると、薄情《はくじょう》な村人たちへの復讐《ふくしゅう》を相談しました。そして村人全員を焼き殺してしまうことに決めました。しかしその前に、命の恩人である月を巻きぞえにしてはいけないので、あらかじめ地面に穴を掘り、そこに月を隠しました。それから兄弟は村じゅうの家に火を放ち、たくさんの村人たちを焼き殺しました。

しかし、まだ兄弟は満足しませんでした。草原に逃げて生き残った村人がいたのです。そこで兄弟は、こんどは月を高い木のてっぺんに登らせ、ふたたび草原に火を放ちました。これでほとんどの村人を焼き殺しました。

が、それでも兄弟は満足しませんでした。何人かの村人が森の中に逃げて生き残っていたのです。兄弟は、こんどは月を空の高いところに上らせると、三たび火を放ちました。これでとうとう村人全員を焼き殺しました。

月はこれ以来、この地方を旅する時には、できるだけ空の高いところを通るようにし、決して地上へは下りていかないことにしました。

ムーンエイジ・ドリーム　<オーストラリア／ウルル（エアーズロック）>

月世界の人　＜アポロ11号／月面活動＞

一九六九年七月二十日、
アポロ十一号が人類初の〝月の旅〟に成功しました。
しかしそれは同時に、月と私たちの蜜月《みつげつ》の終焉《しゅうえん》ともなりました。
月と私たちの間は天文学上も、また想像力の上からも、
確実に遠ざかりつつあります。(※)
月は今夜も地球の上を旅していますが、
もう私たちのところに下りてきたり、
話かけてくれることはなくなってしまいました。
ただその淡い光の中に、
太古のなつかしい思い出を映写して見せてくれるだけです。

※天文学的には、月は1年間に約3.8センチメートル、地球から徐々に離れていっている。

mo●n odyssey 月のオデッセイ

（写真クレジット）

見返し（前）: ©Kenneth Fink / PPS
P10 : ©PPS
P12 - 13 : ©Jean-Paul Nacivet / PPS
P16 - 17 : ©PPS
P21 : ©PPS
P24 - 25 : ©Steve Vidler / PPS
P28 : ©PPS
P29 : ©S. P. L / PPS
P32 - 33 : ©Jean-Paul Nacivet / PPS
P36 - 37 : ©Hiroyuki Matsumoto / PPS
P40 : ©Mitsuo Abe / PPS
P41 : ©PPS
P44 - 45 : ©REX / PPS
P48 : ©Chad Ehlers / PPS
P49 : ©PPS
P52 - 53 : ©Hiroyuki Matsumoto / PPS
P56 - 57 : ©R. Kunkel / PPS
P61 : ©PPS
P64 - 65 : ©PPS
P68 - 69 : ©PPS
P72 - 73 : ©Andrej Reiser / PPS
P76 - 77 : ©S. P. L / PPS
P81 : ©John Miller / PPS
P84 : ©PPS
P85 : ©Goudouneix / PPS
P88 : ©Sauzereau O / PPS
P89上 : ©Hiroyuki Matsumoto / PPS
P89下 : ©Hiroyuki Matsumoto / PPS
P92 : ©PPS
P93 : ©Takanori Yamakawa / PPS
P96 - 97 : ©S. P. L / PPS
P100 - 101 : ©PPS
P105 : ©S. P. L / PPS
P108 - 109 : ©James Gritz / PPS
P112 - 113 : ©G. C. Kelley / PPS
P116 : ©S. P. L / PPS
P117 : ©Ed Nagele / PPS
P120 - 121 : ©Hiroyuki Matsumoto / PPS
P123 : ©PPS
P124 - 125 : ©Hiroyuki Matsumoto / PPS
P128 - 129 : ©Bruce Coleman / PPS
P133 : ©PPS
P136 - 137 : ©PPS
P140 : ©Michael Friedel / PPS
P141 : ©G. Brad Lewis / PPS
P144 - 145 : ©Chad Ehlers / PPS
P148 : ©Chad Ehlers / PPS
P149: ©PPS
P152 - 153 : ©Jean-Paul Nacivet / PPS
P156 - 157 : ©PPS
P158 : ©S. P. L / PPS
見返し（後）: ©Roy Morsch / PPS

（主要参考文献）

松村武雄、他／編『世界神話伝説体系＜全42巻＞』（名著普及会）1927年～

孫普泰『民俗民芸双書7：朝鮮の民話』（岩崎美術社）1966年

吉川利治、赤木攻／編訳『世界民間文芸叢書：タイの昔話』（三弥井書店）1976年

飯豊道男／編訳『世界民間文芸叢書：オーストラリアの昔話』（三弥井書店）1977年

草下英明『星の神話伝説集』（現代教養文庫：社会思想社）1982年

なみおあや『チェリタ・ラッヤット』（未来社）1985年

土方久功『パラオの神話伝説』（三一書房）1985年

日本民話の会／編著『ガイドブック　世界の民話』（講談社）1988年

斉藤君子／編訳『シベリア民話集』（岩波文庫）1988年

河原忠彦／訳『星のギリシア神話』（白水社）1988年

エスピノーサ『スペイン民話集』（岩波文庫）1989年

コティー・バーランド『アメリカ・インディアン神話』（青土社）1990年

ヴェロニカ・イオンズ『インド神話』（青土社）1990年

ジェフリー・パインダー『アフリカ神話』（青土社）1991年

河野一郎／編訳『イギリス民話集』（岩波文庫）1991年

日本民話の会／編著『ガイドブック　日本の民話』（講談社）1991年

黄浿江『韓国の神話・伝説』（東方書店）1991年

フェリックス・ギラン『ギリシア神話』（青土社）1991年

ロバート・アウステリッツ『ギリヤークの昔話』（北海道出版企画センター）1992年

ジョーゼフ・キャンベル、ビル・モイヤーズ『神話の力』（早川書房）1992年

ジャン=ピエール・ヴェルデ『天文不思議集』（「知の再発見」双書：創元社）1992年

大林太良『海の神話』（講談社学術文庫）1993年

ロズリン・ポイニャント『オセアニア神話』（青土社）1993年

斉藤君子『シベリア民話への旅』（平凡社）1993年

松岡正剛『ルナティックス――月を遊学する』（作品社）1993年

大林太良、伊藤清司、吉田敦彦、松村一男／編『世界神話事典』（角川書店）1994年

藤井旭『太陽と月の星ものがたり』（誠文堂新光社）1994年

金両基『韓国神話』（青土社）1995年

アンリ・プーラ『フランスの民話　中』（青土社）1995年

学研ムック『ムー謎シリーズ：月の謎』（学研）1995年

ダイアナ・ブルートン『月世界大全』（青土社）1996年

リチャード・アードス、他／編『アメリカ先住民の神話伝説＜上下＞』（青土社）1997年

吉田敦彦『縄文の神話』（青土社）1997年

日本民話の会、外国民話研究会／編訳『太陽と月と星の民話』（三弥井書店）1997年

クスム・クマリ・カプール／編『ブータンの民話』（恒文社）1997年

大林太良、吉田敦彦『世界の神話をどう読むか』（青土社）1998年

今枝由郎、小出喜代子／訳『ブータンの民話と伝説』（白水社）1998年

野本陽代『図解　月の神秘――伝説から科学まで――』（PHP研究所）1999年

鳥部紀久子『入門インド占星術――ヤッギャのけむりにのせて――』（出帆新社）1999年

ノマド／企画製作『MOON CALENDAR』（キャニオン・アンド・ビーチ）1999年

【P1の引用文】

アンデルセン：矢崎源九郎／訳『絵のない絵本』（新潮文庫）1952年　より

［あとがき］

一九七〇年、僕が六歳の時、大阪で万国博覧会《ばんこくはくらんかい》が開催され、そのパビリオンの一つ、アメリカ館では〈月の石〉が展示されました。それはこの万博の目玉でもあり、僕も大いに心ひかれたのですが、同時に、童心ながらなんとなく「見てはいけないもの」のような気もして、結局、アメリカ館に入ることはしませんでした。（単に、長蛇の列にならぶ根性がなかったこともありますが……。）

オトナになったいま、「月には何もない」という〈科学的事実〉を受け止める時、僕の頭に思い浮かぶのは、自然界において聖地とされている場所の荒涼とした風景です。あるいは、御柱《みはしら》のみが立つ神社の神域（そういえば、映画『２００1年宇宙の旅』では、何もない月面にモノリスなる御柱が立っていました）や、キリスト教会のステンドグラスから射し込む淡い光、コーランだけが響くモスク内のガランとしたドーム空間、といったものです。そこには「何もない」がゆえに「何かがある」のです。そして、その何かはいつも僕らを見つめ、僕らにもの想うことを促《うなが》します。

空に浮かぶ月だけが〈月〉ではありません。〈月〉は僕らの内なる心の空をいつも旅していて、僕らを見つめています。そして時には美しい夢を、また時には狂気や畏怖《いふ》の念を語りかけます。僕らはまだ本当の〈月〉の姿を見たわけではありません。何も見てはいないのに、「月には何もない」などとうっかり口走って〈月〉に連れ去られないよう、みなさん、くれぐれもご用心ください。

本書には、世界各地に伝わる月にまつわる神話・伝説・民話を収録しています。といっても、僕自身が現地で取材・採録したものではありません。多くの先達《せんだつ》や研究者たちが残してくれた数々の文献を参照しながら、『月のオデッセイ』、すなわち「月の長い旅路」という本書のモチーフに合うよう、僕なりにサンプリングし、リミックスしたものです。決して僕が独創したものではありませんが、一方で、いくぶん脚色を施していることも事実です。読者の方々には、本書の企画意図が学問的立場によるものではないことをご理解の上、この〈月の旅行記〉をお楽しみいただければ幸いです。もし本書から学問的関心を抱いた際には、前ページに掲げた参考文献などをご確認いただくことをおすすめするとともに、これら文献の著者の方々には、この場をお借りして、感謝申し上げる次第です。

また本書の構成にあたっては、アンデルセンの『絵のない絵本』や稲垣足穂の『一千一秒物語』、あるいは、この両著がオマージュを捧げたであろう、シェヘラザードが語る『アラビアンナイト』といった作品を念頭におきました。これら〈月の伝道師〉たちにもリスペクトの意を表します。

本書の企画はもともと、今から十年近く前、友人のY・K君と育んでいたものです。その後、実を結ばぬままに幾星霜を重ねましたが、このたびようやく念願かない、リトルモアの孫家邦さん、ならびに、編集をお手伝いいただいた大嶺洋子さんのご尽力でカタチを得ることができました。あらためて厚く御礼申し上げます。また、美しい写真をご提供いただいたPPS通信社、拙文を補って、月の香のするデザインに仕上げていただいた宮川隆さんにも深く感謝いたします。

そして本書を、この企画の夢をかつて一緒に語った畏友に捧げます。

今世紀最初の満月（皆既月食）の夜に

三枝克之

三枝克之（みえだ かつゆき）
1964年2月28日十六夜、兵庫県西宮市生まれ。
ＣＢＳソニー・グループ（現ソニー・ミュージック・エンタテインメント）、
光琳社出版を経て、1995年よりフリーランスの企画・編集・著述・意匠業。

［主な企画編集した本］
『空の名前』（高橋健司著／角川書店）
『宙の名前』（林完次著／角川書店）＊旧題『宙ノ名前』
『色の名前』（ネイチャー・プロ編集室著／角川書店）＊旧題『色々な色』
「Contemporary Remix "万葉集"」全３巻（ドス・マスラオス著／光村推古書院）
＊『LOVE SONGS Side.A』『LOVE SONGS Side.B』『SONGS OF LIFE』
＊ドス・マスラオス名義で著者を兼ねる。フジテレビ『恋ノウタ』原作
＊角川文庫より『恋ノウタ』のタイトルで文庫版発売中
『天使のカレンダー』（寺門孝之共著／リトルモア）＊文著者を兼ねる
『京のあたりまえ』（岩上力著／光村推古書院）

moon

月のオデッセイ

odyssey

月のオデッセイ
Moon Odyssey

発行日――― 2001年3月10日
2008年4月14日第6刷

編／翻文――― 三枝克之

デザイン――― 宮川隆

写真提供――― PPS通信社

発行者――― 孫 家 邦

発行所――― 株式会社リトルモア
151-0051 東京都渋谷区千駄ヶ谷3-56-6
TEL : 03-3401-1042 FAX : 03-3401-1052

印刷・製本所―― 凸版印刷株式会社

Printed in Japan
ISBN978-4-89815-041-2 C0070